Deine Stellung in Christus

Verstehe deine Identität und dein Erbe in Ihm

Mark Hankins

Deine Stellung in Christus
Mark Hankins

Titel der amerikanischen Originalausgabe:
Taking Your Place in Christ

Mark Hankins Ministries
P.O. Box 12863, Alexandria, LA 71315, USA

Übersetzung aus dem Englischen: Manfred Roth
Lektorat: Elisabeth Zarske, Katharina Roth
Druck: Breklumer Druckerei Manfred Siegel KG, D-Breklum

Die Bibelzitate sind, wenn nicht anders vermerkt, der Revidierten Elberfelder Übersetzung, 1985, entnommen.

Andere verwendete Übersetzungen:
Unrevidierte Luther, 1912 (Luther)
Schlachter, Version 2000 (Schlachter)
King James Version (KJV)

1. Auflage 2003

ISBN: 3-909260-34-9

Danksagung

Ich möchte ganz besonders all jenen danken, die dieses Buch möglich gemacht haben. Meiner wunderbaren Frau Trina und meinen Kindern Aaron und Alicia, sowie meinen Eltern Pastor B.B. und Velma Hankins.

Inhalt

Kapitel 1

Ein Mensch in Christus

Die Welt beschäftigt sich in ihrer Fantasie mit Figuren wie „Superman“, „Wonder Woman“, „Batman“, „Hercules“, „The Bionic Woman“, dem „Sechs-Millionen-Dollar-Mann“, den „Jedi Rittern“ und dem „großen Hulk“. Alle diese Figuren kann man wirklich als einzigartig bezeichnen. Viele Geschichten sind über diese ungewöhnlichen Geschöpfe geschrieben worden, man hat ihre Geschichten sogar in Filmen verarbeitet. Wie dem auch sei, Gott hat das Echte hervorgebracht – das außergewöhnlichste Unikat von allen. Er hat einen Menschen **in Christus** geschaffen. Hier geht es nicht um menschliche Fantasien. Gott hat eine neue Schöpfung gewirkt, die für diese Welt ein Zeichen und ein Wunder darstellt; die Welt hat nichts Vergleichbares hervorgebracht.

> **Darum, ist jemand in Christus, so ist er eine neue Schöpfung; das Alte ist vergangen, siehe, es ist alles neu geworden!**
>
> **2. Korinther 5:17 (Schlachter)**

Ein Mensch in Christus ist eine neue Schöpfung

Das griechische Wort, das hier mit „neu“ übersetzt wird, bedeutet: Etwas, das noch nie vorher da gewesen ist; es beschreibt eine neue Qualität oder eine neue Art. Ein Mensch **in Christus** ist eine neue Art von Mensch, eine neue Sorte oder Spezies, die nie vorher existiert hat. Du bist nicht nur als Einzelperson neu geworden, sondern du bist eine neue Art von Mensch im Sinne der Spezies. Du bist nicht nur ein Sünder, der Verge-

*IN CHRISTUS bist du
eine derart andere Person,
Gott wird dir eine
Einführung in dein neues
Selbst geben müssen.*

Mark Hankins

2. Korinther 5:17 (TLB)

Wenn jemand Christ wird, dann
wird er in seinem Inneren eine
völlig neue Person. Er ist nicht
mehr derselbe. Ein neues Leben
hat angefangen.

bung empfangen hat; du bist eine neue Schöpfung mit einer völlig neuen Art von Leben. Ein Mensch in Christus ist Teilhaber des Lebens und der Natur Gottes.

> **Und dies ist das Zeugnis: dass Gott uns ewiges Leben gegeben hat, und dieses Leben ist in seinem Sohn. Wer den Sohn hat, hat das Leben; wer den Sohn Gottes nicht hat, hat das Leben nicht. Dies habe ich euch geschrieben, damit ihr wisst, dass ihr ewiges Leben habt, die ihr an den Namen des Sohnes Gottes glaubt.**
>
> **1. Johannes 5:11-13**

Dieses Leben, das von Gott her in den Menschen fließt, ist völlig anders, als man es auf der natürlichen Ebene jemals erfahren kann. Es ist nicht nur ein ungekanntes Maß, sondern auch eine völlig andere Art von Leben. Es ist ein übernatürliches Leben. Es macht den Menschen zu einer neuen Schöpfung. Es geht nicht um die Intensivierung von Kräften, die man bereits besitzt, sondern um das plötzliche In-Erscheinung-treten eines völlig neuen und einzigartigen Elementes. Wenn ein Mensch in Christus ist, dann beginnt er damit, im Nachauferstehungsleben Christi zu leben. Das Leben, das er jetzt lebt, hat die Qualität der Ewigkeit.

„Ein Mensch in Christus“, James Stewart

Die göttliche Art des Lebens

Ich liebe die Formulierung „das plötzliche In-Erscheinung-treten eines völlig neuen und einzigartigen Elementes“. Wir bekommen auf einmal Anteil am Leben Gottes! Durch den einfachen Glauben an Jesus Christus geschieht im Geist des Gläubigen das Wunder der neuen Geburt. Ewiges Leben ist sozusagen eine geistliche Substanz vom Himmel, die in den Geist eines Menschen eingepflanzt wird.

Ewiges Leben bedeutet nicht nur ein Leben, das nie aufhört. Ja, das Neue Testament sagt deutlich, dass Gott dem Menschen Auferstehung aus den Toten versprochen hat, aber das Wesentliche am ewigen Leben ist nicht die Dauer, sondern die Qualität. Ewiges Leben ist wie die Injektion einer Substanz aus der Ewigkeit in den Bereich von Raum und Zeit. Etwas aus dem Leben Gottes fließt dabei in den Kreislauf des menschlichen Lebens ein.

William Barclay

Leben, wie Gott es hat

Gott hat uns **in Christus** eine neue Qualität von Leben gegeben. Er hat uns Sein eigenes Leben gegeben – dasselbe Leben, das Jesus aus den Toten auferweckt hat (Epheser 2:4-6). Er hat uns ewiges Leben gegeben. Gott möchte uns wissen lassen, dass wir jetzt ewiges Leben haben. Es ist nicht unser Versuch, es zu bekommen oder es irgendwann in ferner Zukunft zu erlangen. Wir wissen, dass wir dieses ewige Leben gegenwärtig besitzen. Die Gabe Gottes ist ewiges Leben (Römer 6:23). Was für ein großartiges Geschenk hat uns Gott **in Christus** gegeben!

Das griechische Wort für „Leben" im Neuen Testament, das Wort, das diese ewige Qualität von Leben beschreibt, ist *zoe.*[1] Jesus kam, um dieses Leben zu bringen. Jesus sagte: **„Ich bin gekommen, damit sie Leben haben und es in Überfluss haben"** (Johannes 10:10). Dieses Leben gleicht einer geistlichen Substanz, die im Himmel wie ein Strom vom Thron Gottes her fließt (Johannes 7:37-39). Gott hat dieses Leben im Überfluss. Wir können mehr und mehr von diesem Strom des Lebens in uns erfahren. Wir können ein stetig wachsendes Maß dieses Lebens erfahren, wenn wir mit dem Wort Gottes und dem Heiligen Geist erfüllt werden. Wir können im Licht dieses Lebens wandeln, sowie im Bewusstsein dessen, was wir **in Christus** haben; die Bedingung dafür ist, dass wir immer mehr von den

„Worten dieses Lebens“ (Apg. 5:20) lernen und in ihrem Verständnis zunehmen.

Ewiges Leben – ein tatsächlicher, gegenwärtiger Besitz

Ich liebe die Definition der Worte „ewiges Leben“ oder „Leben“, also die Definition des Wortes *zoe,* wie sie in *Vine's Dictionary of New Testament Words* zu finden ist.

Es (zoe) beschreibt das Leben als ein Grundprinzip ... Leben im absoluten und eigentlichen Sinn des Wortes; Leben, wie Gott es hat, das Leben, das der Vater in sich selbst trägt, und das Er auch dem menschgewordenen Sohn gegeben hat, damit Er es in sich selbst habe (Johannes 5:26). Dieses Leben ist es, das der Sohn in der Welt offenbart hat (1. Johannes 1:1,2). Von diesem Leben hat sich der Mensch durch den Sündenfall entfremdet und an diesem Leben kann er wieder Anteil bekommen, wenn er an Jesus Christus glaubt. Jesus Christus wird all denen zum Urheber ewigen Lebens, die auf Ihn vertrauen. Er sorgt dafür, dass das Leben bleibt, das Er gegeben hat. Ewiges Leben ist der tatsächliche, gegenwärtige Besitz des Gläubigen, aufgrund seiner Beziehung mit Christus – und dass es seinen Einfluss eines Tages auch auf den Bereich des Leibes ausdehnen wird, wissen wir aufgrund der Auferstehung Christi.

Gott sieht dich in Christus

Ein Mensch **in Christus** ist ein Mensch, der das Leben Gottes besitzt. Du bist nicht selbst Gott, aber du bist auch nicht „nur“ ein Mensch. Du bist aus Gott geboren. Gott hat dir Sein eigenes Leben gegeben. Du bist eine neue Schöpfung – etwas, das nie zuvor existiert hat. *Du bist eine derart neue Schöpfung* **in Christus,** *dass Gott dir eine Einführung in dein neues Selbst geben muss. Du bist nicht mehr der, der du einmal warst. Gott sieht dich* **in Christus,** *aber auch du selbst musst dich* **in Ihm** *sehen. Du wirst nicht anders sein, solange du dich nicht anders siehst. Der Heilige Geist nimmt die Dinge Christi und zeigt sie uns* (Johannes 16:13-15). *Er kann das Bild Christi, wie es das Wort enthält, auf die Leinwand unseres Verstandes projizieren, damit wir in der Realität unserer Erlösung leben können.*

Das Hauptereignis

Jesus hat den außergewöhnlichen Kampf, der mit Seiner Kreuzigung, Seinem Tod, Seiner Grablegung und Auferstehung zu tun hatte, nicht auf sich genommen, um uns ein bisschen zu helfen. Was in den drei Tagen vom Kreuz bis zum Thron geschehen ist, hat alles verändert. **In Christus** haben radikale Veränderungen stattgefunden. Hier geht es nicht um kleine historische Ereignisse, die man mit Erfindungen wie der des Flugzeugs oder der Entdeckung der Elektrizität in einem Atemzug nennen könnte. Hier geht es um das Hauptereignis aller Zeiten und aller Ewigkeit.

Was Jesus getan hat, hat den ganzen Himmel und die ganze Erde verändert – das Sichtbare und das Unsichtbare. Er ist der „Erstgeborene aus den Toten". Er ist der erste Mensch, der in den Herrschaftsbereich des Todes eingedrungen und als Sieger daraus hervorgegangen ist. Jesus ist Herr! Als Er von den Toten auferstanden war, ging Er mit Seinem Blut in das himmlische Heiligtum; Er war der Mensch, der unsere ewige Freiheit erkauft hat. Jesus hat uns mit sich genommen. Wenn wir diesem Weg des Blutbundes folgen, dann werden wir so in die tatsächliche Gegenwart Gottes gelangen. Wir haben denselben Zugang, dieselben Vorrechte, dieselbe Zuversicht wie Jesus selbst. *Dieselbe Kraft, die sich in diesen Ereignissen ausgewirkt hat, ist auch im Evangelium gegenwärtig. Wenn wir uns vom Wort ernähren, bekommen wir Anteil an derselben Kraft, die vor zweitausend Jahren in diesen weltverändernden Ereignissen wirksam war. Ein Mensch* ***in Christus*** *ist darum ein Weltveränderer.*

Das sehen, was Gott sieht

Das Gebet, das Paulus in Epheser 1:16-23 niedergeschrieben hat, ist für uns von größter Bedeutung. **„Ich bete, dass ihr neuen Gläubigen die vollmächtige Stellung mit Christus erkennt, die eure Versammlung innehat“** (Vers 16, *The Distilled Bible*). Ich liebe diese Worte. Wir haben eine vollmächtige Stellung mit Christus. Nur wenige Christen haben die Autorität verstanden, die wir als Gläubige haben. Dieselbe vollmächtige Kraft, die Christus aus den Toten auferweckt hat, ist jetzt zu unseren Gunsten verfügbar. Wir waren das eigentliche Ziel dieser Kraft. Gott hatte uns im Visier. Er schaute auf uns. Gott sah uns **in Christus.** Er wirkte an uns. Wir waren Seiner Hände Werk, geschaffen **in Christus** Jesus (Epheser 2:10). Was Gott **in Christus** tat, tat Er in uns. Das Gebet von Paulus ist das Gebet, welches wir heute beten, damit wir verstehen können, welche Art von Leben uns Gott **in Christus** gegeben hat; wir sollen uns dieses Lebens erfreuen können. Ich sage es gerne mit folgenden Worten: *Wenn dich das, was du* **in Christus** *bist und hast nicht beeindruckt, dann hast du Ihn schon lange nicht mehr gesehen.*

„Die Briefe des Paulus enthalten die Gedanken, die Jesus aus dieser Welt mitgenommen hat, ohne sie auszusprechen. Sie sind die fortgeschrittenen Lehren unseres Herrn Jesus Christus“ (*The Life of Paul,* James Stalker). Diese Briefe richten sich auch an die heutige Gemeinde. Sie enthalten die Gedanken, die Jesus jetzt hat. Wenn wir **in Christus** wachsen wollen, müssen wir diese Briefe studieren.

Wenn die Bibel wahr ist, dann richte dich nach ihr!

Es mag zwar sein, dass du weißt, was die Bibel über dich sagt, aber es ist dennoch möglich, dass sie für dich keine Realität ist. In Epheser 4:23,24 heißt es: **„... dagegen erneuert wer-**

det in dem Geist eurer Gesinnung und den neuen Menschen angezogen habt, der nach Gott geschaffen ist in wahrhaftiger Gerechtigkeit und Heiligkeit.“ Auch wir haben einen Teil beizutragen. Wir müssen den neuen Menschen „anziehen“. Wir haben den neuen Menschen nicht gemacht, das war Gottes Werk; aber wir müssen den neuen Menschen anziehen. Das ist unser Beitrag. In einer Übersetzung heißt es: **„... zieht die neue Person an, die ihr seid.“** Dieser neue Mensch ist geschaffen in Gerechtigkeit und wahrer Heiligkeit. Gott hätte niemals eine ungerechte neue Schöpfung gemacht. Du bist zur Gerechtigkeit Gottes **in Christus** gemacht worden (2. Korinther 5:21).

Gott sieht dich durch das Blut Jesu. Wenn Er dich anschaut, dann sieht Er dich, als ob du nie auch nur das Geringste falsch gemacht hättest. Wie sagt es das alte Kirchenlied? „Da ist ein Quell von Blut, das aus den Adern Jesu kommt, und Sünder, die sich darin waschen rein, sind frei von aller Schuld.“[2] Die Kraft des Blutes Jesu wäscht sogleich „alle“ Schuld ab, darum können wir zuversichtlich in die Gegenwart Gottes kommen. Wir können eine zuversichtliche Haltung gegenüber dem Leben haben. Wir können zuversichtlich beten. **In Christus** haben wir einen Stand der Gerechtigkeit vor Gott. Wir stehen nicht nur gerecht vor Gott, sondern dieser Stand entspricht genau dem Stand, den Jesus selbst vor dem Vater hat. Wage es, dich selbst in dieser Weise zu sehen!

Nimm dir Zeit, jeden Tag deinen Sinn mit der Realität der Erlösung zu erneuern. Wage es, in der Wahrheit der Bibel zu leben, und sie wird in deinem Leben zur Realität werden. Lass dir von Gott eine Einführung in dein neues Selbst geben. Proklamiere täglich: *Ich bin eine neue Schöpfung* **in Christus** *Jesus. Ich habe Gottes eigenes Leben und Seine Natur in mir. Das Leben Gottes ist jetzt in mir. Ich weiß, dass ich ewiges Leben habe. Das Gesetz des Geistes des Lebens* **in Christus** *Jesus hat mich freigemacht vom Gesetz der Sünde und des Todes.* **In Christus** *bin ich erlöst, gesegnet und siegreich. Ich bin die Gerechtigkeit Gottes* **in Christus. In Christus** *bin ich errettet* *aus der Macht der Finsternis und versetzt in das Reich des Sohnes Gottes.* **In Christus** *habe ich durch Sein Blut die Erlösung, die Vergebung der Sünden.*

„Die Briefe des Paulus enthalten die Gedanken, die Jesus aus dieser Welt mitgenommen hat, ohne sie auszusprechen. Sie enthalten die fortgeschrittenen Lehren unseres Herrn Jesus Christus.“

James Stalker

2. Korinther 5:17 (KJV)

Darum, wenn jemand in Christus ist, so ist er eine neue Schöpfung: Die alten Dinge sind vergangen; siehe, alle Dinge sind neu geworden.

Kapitel 2

Finde deine Position in Christus

Ein Reisender kam in eine Stadt und suchte nach einer bestimmten Adresse. Er bog in die Einfahrt eines Hauses ein, um jemanden nach dem Weg zu fragen; ein kleiner Junge spielte auf dem Vorplatz. Der Mann kurbelte das Fenster herab und rief dem kleinen Jungen zu: „Wo bin ich hier?“ Der kleine Junge antwortete: „Hier bist du doch!“

Wenn man in ein großes Einkaufszentrum geht, gibt es dort für gewöhnlich eine Karte, auf der man sehen kann, welche Läden in den jeweiligen Etagen zu finden sind. Dennoch kann es recht schwierig sein, den richtigen Weg zu finden, wenn auf der Karte keine Position angegeben ist, die einem sagt, wo man sich gerade befindet. Zu verstehen, wo man ist, ist enorm wichtig, wenn es darum geht, seine Bestimmung und Zielrichtung im Leben zu finden. Oftmals suchen wir im Leben nach Antworten und Führung. Gott gibt uns in Seinem Wort klar und deutlich zu erkennen, wo wir uns gerade befinden.

Das Verständnis der neuen Geburt sowie deiner Position **in Christus** beginnt mit mehreren Schriftstellen, die uns eine Vorstellung unserer jetzigen Position vermitteln. Ein guter Anfangspunkt ist 2. Korinther 5:17: **„Darum, ist jemand in Christus, so ist er eine neue Schöpfung; das Alte ist vergangen, siehe, es ist alles neu geworden** (Schlachter)!“ In 2. Korinther 5:21 heißt es: **„Den, der Sünde nicht kannte, hat er für uns zur Sünde gemacht, damit wir Gottes Gerechtigkeit würden in ihm.“** Eine weitere Schriftstelle, wo es um unsere Identifikation mit Ihm geht, ist Kolosser 2:9,10: **„Denn in ihm wohnt die ganze Fülle der Gottheit leibhaftig; und ihr seid in ihm zur Fülle gebracht. Er ist das Haupt jeder Gewalt und jeder Macht.“**

Es gibt mehr als 130 Schriftstellen, die bezeichnen, wer du **in Christus** bist und was du in Ihm hast. Eine meiner Lieblingsstellen ist 2. Korinther 2:14: **„Gott aber sei Dank, der uns allezeit im Triumphzug umherführt in Christus und den Geruch seiner Erkenntnis an jedem Ort durch uns offenbart!“** Nimm die Integrität des Wortes Gottes für dich an und proklamiere mit Kühnheit: „Was Gott über mich sagt, das bin ich. Was Gott für mich erkauft hat, das habe ich. Wozu Gott mich befähigt hat, das kann ich tun.“ Wo befindest du dich gerade? – **in Christus!**

Mein Vater und meine Mutter haben über vierundzwanzig Jahre lang eine Gemeinde des vollen Evangeliums in West Columbia, im Bundesstaat Texas, geleitet. Dieses christliche Zentrum wuchs, bis es schließlich die größte Gemeinde in West Columbia war, sowie die größte Gemeinde des vollen Evangeliums in der ganzen Gegend.

Als meine Eltern nach West Columbia zogen, war ich erst ein Jahr alt und mein älterer Bruder Mike war vier. Meine Mutter war krank und litt die ersten zwei Jahre in West Columbia unter seelischen Problemen. Mein Vater war nicht nur Pastor der Gemeinde, sondern er trug auch die ganze Verantwortung für die Familie. Schließlich bekam mein Vater Herzprobleme. Während dieser Zeit geschah es außerdem, dass ich draußen mit Mike spielte und dabei meinen Daumen so in eine Fahrradkette steckte, dass er dabei abgeschnitten wurde. Ich kann mich nicht erinnern, jemals zwei Daumen gehabt zu haben! Die Gemeinde war noch klein und kämpfte ums Überleben und wir waren entsprechend arm. Es war eine harte Zeit für uns.

Mitten in diesen Kämpfen gab jemand meinem Vater einige Bücher über die Autorität des Gläubigen, die Integrität des Wortes Gottes und über das Thema des Gläubigen **in Christus.** Vater begann dieses Material zu lesen und zu studieren und gewann dadurch ein neues Verständnis des Wortes Gottes. **„Wenn dein Wort offenbar wird, so erfreut es und macht klug die Einfältigen“** (Psalm 119:130, Luther). Dank sei Gott für Sein Wort!

Mein Vater fing an, auch meiner Mutter das Wort zuzusprechen und forderte sie auf, es ihm nachzusprechen. Sie fing an zu sagen: „Ich bin, was Gott sagt, dass ich es bin. Ich habe, was Gott sagt, dass ich es habe. Ich kann tun, was Gott sagt, dass ich es tun kann!“ Als meine Eltern erkannten, wer sie **in Christus** sind und anfingen, das Wort zu sprechen, da stieg auf einmal Glauben in ihren Herzen auf und sie wussten, dass der Sieg in jedem Bereich ihres Lebens ihnen gehörte.

Es muss nicht sein, außer wenn es sein muss

Ich wuchs in der Gemeinde auf. Wir hatten ab und zu „ungewöhnliche“ Gottesdienste. Manchmal geschah es, wenn wir gerade am Singen waren, dass meine Mutter recht überschwänglich anfing, Gott zu preisen und in einem fort „Hallelujah! Hallelujah! Hallelujah!“ zu rufen. Mit Herrlichkeit und Freude auf ihrem Angesicht, rief sie dann: „Wuuhhhhhh!“ und fing an, im Versammlungsraum Runden zu drehen! Mein Vater war ein wenig würdevoller! Nachdem Mutter angefangen hatte zu laufen, sagte Vater immer: „Nun, manche von euch denken wahrscheinlich, ‚das muss doch nicht sein’. Nein, das muss nicht sein, außer, wenn es sein muss!“ Während die Leute zu verstehen versuchten, was Vater mit dem meinte, was er da gesagt hatte, fuhren Mutter und andere, die sich ihr angeschlossen hatten, mit ihrem Freudenlauf fort!

In meinen Teenagerjahren waren mir diese Dinge sehr peinlich. Wenn man uns aufforderte, Besucher in die Gemeinde zu bringen, pflegte ich zu sagen: „Ich werde meine Freunde nicht in diese Gemeinde bringen ... das würde ich nicht überleben.“ Eines Tages tauchte unerwartet einer meiner Freunde in der Gemeinde auf. Ich hatte ihn jedenfalls sicher nicht eingeladen! Als ich ihn sah, ging ich zu ihm, setzte mich neben ihn und fing an zu beten: „Oh Gott, bitte sorg’ dafür, dass dies kein wilder Gottesdienst wird, und bitte sorg’ dafür, dass meine Mutter nicht zu laufen anfängt.“ Ein solches Gebet ist gefährlich!

Meine Mutter läuft

Ungefähr zur selben Zeit fingen die Leute an, die Kraft Gottes zu spüren und begannen zu jubeln. Der Heilige Geist kam über die ganze Versammlung. Mein Freund bekam große Augen. Ich versuchte ihn zu beschwichtigen und sagte ihm, dass sich das alles wieder legen würde. Dann fing meine Mutter an „Hallelujah! Hallelujah! Hallelujah!" zu rufen. Ich dachte: „Oh nein, sie lässt ihren Motor aufheulen." Und wie konnte es anders sein, ich hörte ein „Wuuhhhhhh!" und schon fing sie an, ihre Runden zu drehen.

Ich senkte mein Haupt und mein Freund fragte: „Wer ist diese Frau?" Ich sagte: „Ich habe keine Ahnung! Hierher kommen allerlei ungewöhnliche Leute!" Ich stellte sicher, dass er nie zu uns nach Hause kam. Ich schämte mich der Kraft Gottes und hatte wenig Verständnis oder Wertschätzung für die Grube, aus der meine Mutter herausgekommen war. **„Er hat mich heraufgeholt aus der Grube des Verderbens, aus Schlick und Schlamm; und er hat meine Füße auf Felsen gestellt, meine Schritte fest gemacht. Und in meinen Mund hat er ein neues Lied gelegt, einen Lobgesang auf unseren Gott"** (Psalm 40:3,4).

Bis ich siebzehn Jahre alt war, versuchte ich vor Gott davonzulaufen und ich verstand nicht, wie groß die Befreiung meiner Mutter gewesen war. Eines Tages hatte ich einen Autounfall, an dem mehrere Fahrzeuge beteiligt waren. Ich war mit einem Freund, den es ebenfalls in die Welt zog, auf dem Heimweg von einer Party. Wir kamen ohne einen Kratzer davon. Mein Freund sagte: „Wenn deine Mutter nicht gebetet hätte, wären wir ums Leben gekommen." Ich stimmte ihm zu.

Satan hat deiner begehrt ...

Als ich nach Hause kam, saß meine Mutter in einem Schaukelstuhl. Sie wiederholte die Worte, die Jesus zu Petrus gesprochen hatte: **„... Siehe, der Satan hat euer begehrt, euch zu sichten wie den Weizen. Ich aber habe für dich gebetet, dass dein Glaube nicht aufhöre. Und wenn du einst zurückgekehrt bist, so stärke deine Brüder“** (Lukas 22:31,32)!

Obwohl sich gute Veränderungen in meinem Leben abzeichneten, geschah es nicht lange nach diesem Autounfall, dass ich mich zusammen mit drei Freunden im Bezirksgefängnis wiederfand. Ich rief aus dem Gefängnis meine Mutter an und sie sagte: „Dein Vater ist heute Abend in der Gemeinde (es war Mittwochabend), also trainiere ein wenig dein Sitzfleisch!“ Mein Vater kam nach dem Gottesdienst mit vier Diakonen ins Gefängnis und hinterlegte eine Kaution für mich, damit ich heimgehen konnte. Nach diesem Ereignis verkaufte ich meinen Chevrolet, Baujahr 55, und das brachte mich für eine Weile zur Besinnung!

Innerhalb weniger Monate befand ich mich mit dem Missionar Ralph Hagemeier in Tansania, Ostafrika. Wie das zustande gekommen war, ist mir noch heute ein Geheimnis! Ich hatte zwar den Wunsch in meinem Herzen, Gott zu dienen und eines Tages als Missionar in Afrika zu arbeiten, aber bisher hatte ich andere Probleme gehabt. (Manche Leute sagen, dass Kinder von Predigern so schlimm seien, weil sie die ganze Zeit mit den Kindern der Diakone zusammen sind!)

Von Gott gefangen genommen

Eines Sonntags hatte Gott eine Überraschung für mich. Ich saß in der hintersten Reihe und schlug die Zeit tot, als Gott mich sozusagen ohne Deckung erwischte. F.E. Ward, ein unangekündigter Gastsprecher, kam an jenem Sonntag in unsere Gemeinde. Bruder Ward war ein großer, hagerer Prediger. Man wusste nie genau, wann er auftauchen würde, darum war ich an jenem Sonntag nicht auf das vorbereitet, was geschehen sollte.

Weil unsere Gemeinde an die Taufe im Heiligen Geist und die Gaben des Geistes glaubte, gab es häufig übernatürliche Manifestationen. Manchmal riefen Prediger einzelne Leute aus der Versammlung und teilten ihnen ein Wort des Herrn mit. Normalerweise wusste ich, wann diese Prediger kamen, so dass ich für alle meine Sünden Buße tun konnte, bevor ich den Versammlungsraum betrat. Ich wusste, dass die Bibel sagt, dass Gott unsere Übertretungen vergeben, ja, sogar vergessen würde, wenn wir Ihn um Vergebung baten. Ich dachte, wenn Gott sie vergessen hat, dann kann Er sie diesem Prediger auch nicht mehr mitteilen, und der Prediger kann es also nicht der ganzen Gemeinde weitersagen.

Aber an diesem Sonntag saß ich mit meinen schlechten Freunden in der hintersten Reihe, als Bruder Ward die Bühne betrat und sagte, dass er die Führung empfände etwas Bestimmtes zu tun. Er zeigte mit dem Finger auf die hinterste Reihe und sagte: „Ich möchte, dass der Sohn des Pastors nach vorne kommt." Ich war geschockt! Meine Freunde raunten mir zu: „Jetzt hat dein letztes Stündchen geschlagen!" Während ich aufstand und nach vorne ging, begann ich mit leiser Stimme Buße zu tun: „Oh Gott, vergib mir meine Sünden! Bitte sag diesem Prediger nicht, was ich gemacht habe. Wenn du es ihm sagst und er es in aller Öffentlichkeit weitersagt, dann wird mein Vater mich umbringen."

Mein Gesicht wurde blutleer und ich fürchtete und schämte mich, als ich vor der ganzen Gemeinde stand. Ich war gerade siebzehn, aber ich dachte, mein Leben wäre zu Ende! Ich war der völligen Überzeugung, dass Gott eine große Fliegenklappe aus dem Himmel herablassen und mich vor versammelter Gemeinde an die Wand klatschen würde. Ich erwartete, dass eine Stimme vom Himmel sagen würde: „Dieser junge Mann sei ein Beispiel für die anderen in der Gemeinde. Richtet zwölf Steine an diesem schmierigen Ort auf und berichtet euren Kindern davon!"

Stattdessen hörte ich F.E. Ward sagen: „Setz dich auf den Altar.“ Als ich mich hinsetzte, fing er an, unter der Inspiration des Heiligen Geistes zu mir zu reden. Während er zu mir über Gottes Plan und Absicht für mein Leben sprach, wurde ich von der Gegenwart Gottes und Seiner Liebe überwältigt und begann zu weinen. Ich übergab mein Leben neu an Jesus und mein Herz wurde durch die Liebe Gottes verändert. Dann erhob Bruder Ward ein Opfer für mich, so dass ich den Sommer in Afrika verbringen konnte. Glaubt es mir, mein Leben hat von diesem Moment an eine dramatische Wendung erfahren!

Ich dachte manchmal, ich sollte einen Country & Western Song mit dem Titel „Jesus hat die Hölle aus mir ’raus geliebt“ schreiben. Ich möchte nicht derb oder respektlos erscheinen, aber genau das war es, was mit mir geschehen war. Ich sage gern: „Ich ging zur Schule, dort versuchten sie die ‚Hölle‘ aus mir ’raus zu erziehen. Ich ging zum Gottesdienst, dort versuchte man die ‚Hölle‘ aus mir ’raus zu predigen. Ich kam nach Hause und mein Vater versuchte, die ‚Hölle‘ aus mir ’raus zu prügeln. Ich kam zu Jesus, und Er liebte die ‚Hölle‘ aus mir ’raus.“ Ich bin ein lebendiges Zeugnis dafür, dass die Liebe Gottes die größte Macht auf Erden ist.

Was Gott über mich sagt, das bin ich

Langsam begann ich, die Predigten meines Vaters und die Gebete und das Um-die-Gemeinde-Laufen meiner Mutter zu verstehen. Ich fing an, die Schriftstellen zu studieren, die mir meine Erlösung **in Christus** aufzeigten. Ich dachte täglich darüber nach, wer ich **in Christus** bin. Ich pflegte zu sagen: „Was Gott über mich sagt, das bin ich. Was Gott für mich erkauft hat, das habe ich. Wozu Gott mich befähigt hat, das kann ich tun.“ Die Kraft des Wortes Gottes fing ihr Werk in mir an und ich begann zu verstehen, wer ich **in Christus** bin. Hier fängt der Sieg an, Wirklichkeit zu werden – da, wo du gerade bist!

Heute dreht meine Mutter immer noch ihre Runden um die Versammlung, die inzwischen viel größer ist. Es gibt viel mehr gebildete und wohlhabende Leute in der Gemeinde, aber sie sagt noch immer: „Hallelujah! Hallelujah! Hallelujah!" Sie ruft noch immer „Wuuhhhhhh!" und dreht ihre Runden. Der einzige Unterschied besteht darin, dass ich heute mit ihr zusammen laufe! **„Denn ich schäme mich des Evangeliums nicht, ist es doch Gottes Kraft zum Heil jedem Glaubenden ..."** (Römer 1:16).

Schrei es hinaus

Die Firma, die das Waschmittel *Shout*[3] herstellt, wirbt mit folgendem Slogan für ihr Produkt: „Diese hartnäckigen Flecken, die muss man wegschreien!" Damit bin ich völlig einverstanden. Sei dir sicher, warum du schreist, und dann lass es kommen!

Smith Wigglesworth sagte: „Manche Leute wären schon lange Glaubensriesen, wenn sie nur wüssten, wie man jubelt." Der Glaube jubelt, auch wenn die Mauern noch stehen. Er sagte auch: „Du musst verstehen, wie wunderbar du in Gott bist und wie hilflos du ohne Ihn bist." Die Wahrheit lautet: Alles wird anders, wenn du verstehst, wer du **in Christus** bist und anfängst, entsprechend der biblischen Wahrheit zu handeln.

Wenn dich nicht beeindruckt, wer du IN CHRISTUS bist, dann hast du Ihn schon lange nicht mehr gesehen.

Mark Hankins

2. Korinther 5:17 (20th C.R.)

Darum, wenn jemand in Einheit mit Christus ist, so ist er ein neues Wesen! Sein altes Leben ist vergangen; ein neues Leben hat begonnen!

Kapitel 3

Der Ort der Verborgenheit

Wenn du deine Position **in Christus** findest, hast du darin den Schlüssel, um von Gott empfangen zu können, und dann wird Seine Kraft auch auf dich übertragen. Manchmal denken wir, dass nur schon deshalb alles in die richtige Bahn kommen sollte, weil wir von neuem geboren sind. Die neue Geburt ist die Schubkraft beim Start, die dich in den Bereich Gottes hineinkatapultiert; dennoch gibt es weitere Veränderungen, die in deinem Denken und Reden geschehen müssen; erst diese befähigen dich dazu, die Herrlichkeit Gottes zu empfangen und weiterzugeben. Vielleicht hast du bisher noch nicht viel empfangen und weitergegeben, weil du einige Anpassungen vornehmen solltest.

Die Position finden

Vor einigen Jahren sandte die NASA einen Kommunikationssatelliten ins All. Dieser Satellit konnte weder empfangen noch übertragen, weil er sich in der falschen Umlaufbahn befand; er war völlig unbrauchbar. Die Investoren waren sehr besorgt, denn sie hatten bereits hundertfünfzig Millionen Dollar für dieses Projekt eingesetzt. Wenn der Satellit richtig gearbeitet hätte, hätte man einen Profit von zwei Milliarden Dollar erwarten können.

Ich verstehe nicht viel von Weltraumtechnologie, darum konnte ich mit dieser Information nicht allzu viel anfangen. Ich dachte, wenn man das Ding nur irgendwie aus dieser Atmosphäre heraus und in die Umlaufbahn bringen könnte, dann sollte schon alles klappen. Nun, mein Verständnis dieser Dinge hatte leider keinen Einfluss auf ihre Funktion; dieser Satellit konnte weder empfangen noch übermitteln.

Irgendetwas musste geschehen, damit dieser Satellit empfangen und übertragen konnte. Schließlich gelang es den Technikern, einige Antriebsraketen zu starten, die sich am Flugkörper befanden, um ihn so in die richtige Umlaufbahn zu bringen. Sobald er in seine richtige Position gebracht worden war, fing er an, Signale zu empfangen und zu übermitteln, und sein Potential konnte ausgeschöpft werden.

Anpassungen vornehmen

Überall in der Bibel können wir sehen, wie Gott Männer und Frauen in die richtige Umlaufbahn steuert, damit sie von Ihm gebraucht werden können. Nehmen wir zum Beispiel das Leben von Abraham. Abraham musste sich erst einmal in Bewegung setzen respektive einige Anpassungen vornehmen, bevor er empfangen und übermitteln konnte. Gott arbeitet fortwährend mit Menschen, um ihr Denken, ihr Reden und ihr Handeln zu verändern und ihnen so den Bereich des Übernatürlichen zu öffnen.

Du musst in die richtige Umlaufbahn eingesetzt werden, um empfangen und übermitteln zu können. Du solltest dich nicht nur in der richtigen Position befinden, sondern du musst auch auf deinem Platz bleiben, damit du Gottes Willen tun kannst. Er wirkt in dir sowohl das Wollen als auch das Vollbringen Seines Wohlgefallens (Philipper 2:13). Du musst dir bewusst sein, was die Uhr geschlagen hat. Gott zeigt dir deine Position in Christus und setzt dich an deinen Platz, um die Ernte der Welt einbringen zu können.

Gott möchte dich segnen; Er möchte dich zu einem Segen machen. Er setzt einige „Antriebsraketen“ ein, um dich in die richtige Position zu bringen, so dass du Seine Herrlichkeit sehen kannst. Er hat Sein Wort, den Heiligen Geist und den fünffältigen Dienst gegeben, um dir bei diesen Anpassungen zu helfen. Es bedarf einiger Anpassungen, um der Herrlichkeit teilhaftig zu werden, und es bedarf der Herrlichkeit, um gewisse Veränderungen zu bewirken. Du wirst verändert, damit du in die richtige Umlaufbahn hineinpasst und dort funktionieren und dein Potential **in Christus** verwirklichen kannst.

Finde deinen Platz im Felsen

Wenn du von neuem geboren bist, dann verlässt du den Machtbereich des Teufels und wirst an einen neuen Ort **in Christus** versetzt. Du bist nicht vom verlorenen Wurm zum erretteten Wurm geworden! Wenn du errettet bist, dann bist du **in Christus** und mit Ihm eins geworden. Du bist mit Christus auferweckt und mit Ihm versetzt worden. Es gibt einen Platz beim Vater, und dieser Platz ist **in Christus** Jesus. Lasst uns 2. Mose 33:20-23 lesen:

> **Dann sprach er: Du kannst es nicht ertragen, mein Angesicht zu sehen, denn kein Mensch kann mich sehen und am Leben bleiben. Weiter sagte der HERR: Siehe, hier ist ein Platz bei mir, da sollst du dich auf den Felsen stellen. Und es wird geschehen, wenn meine Herrlichkeit vorüberzieht, dann werde ich dich in die Felsenhöhle stellen und meine Hand schützend über dich halten, bis ich vorübergegangen bin. Dann werde ich meine Hand wegnehmen, und du wirst mich von hinten sehen; aber mein Angesicht darf nicht gesehen werden.**

Gott sagte zu Moses: „Es gibt einen Platz bei mir für dich. Du sollst dich auf den Felsen stellen.“ Moses wird in das Geheimnis von Gottes Erlösungsplan eingeführt – dass der Mensch zur Rechten Gottes stehen soll, das heißt *in Seiner Gegenwart.* Darum sagt Paulus in Epheser 2:5,6: **„... auch uns, die wir in den Vergehungen tot waren, mit dem Christus lebendig gemacht, durch Gnade seid ihr errettet! Er hat uns mitaufer-**

weckt und mitsitzen lassen in der Himmelswelt in Christus Jesus." (Wir werden unsere Identität **in Christus** in Kapitel 6 eingehender studieren.)

Moses erfährt etwas über das Geheimnis der Kraft und Autorität Gottes. Gott sagte zu Moses: „Es gibt da einen Ort, an den ich dich bringen will. Direkt bei mir, und du wirst auf einem Felsen stehen." Dieser Felsen ist Jesus!

Moses stand aber nicht nur auf dem Felsen. Gott stellte ihn in die Felsenhöhle, was bedeutet: „Ich haue aus diesem Felsen eine Nische heraus und stelle dich regelrecht in den Felsen. Jetzt kannst du meine Herrlichkeit und Güte sehen und verstehen, wer ICH BIN."

Ich bin in der Gemeinde aufgewachsen und wir sind zu jeder Veranstaltung gegangen. Wenn es eine Reihe von Versammlungen gab, die zwei Wochen dauerten, dann waren wir zwei Wochen lang jeden Abend dort. Es stand nie zur Debatte, ob wir gehen würden oder nicht. Mein Vater pflegte zu sagen: „Wir haben hier keine Demokratie, sondern eine Diktatur." Wir waren nicht immer begeistert darüber, aber heute bin ich froh, dass er uns genötigt hat, mitzukommen.

Damals hörte ich Lieder wie: „Fels der Heils, geöffnet mir, birg mich ew'ger Hort." Ich hatte keine Ahnung, was diese Worte bedeuten sollten, bis ich neunzehn Jahre alt war.

Als ich neunzehn war, ging ich eines Tages in die Gemeinde meines Vaters und fing an zu beten. Nachdem ich zweieinhalb Stunden im Heiligen Geist gebetet hatte, fiel der Geist Gottes auf mich. Gott sprach zu mir: „Es gibt einen Ort für dich an meiner Seite. Ich möchte dir deinen Platz zeigen." Der Herr nahm mich in einer Vision an die himmlischen Örter und sagte: „Dies ist dein Platz." Ich sah einen großen Felsen. Gott sagte: „Dies ist dein Platz – direkt neben mir!"

In dieser Vision sagte Gott auch zu mir: „Ich habe deinen Platz bei mir für dich reserviert, bevor du geboren wurdest. Ich habe ihn schon zuvor bereitet. Finde diesen Ort und bleib dort. An diesem Ort findest du Befreiung, Heilung, Wohlstand, Sieg und Segen." In Seiner Gegenwart erfuhr ich Freude, Segen und Sieg wie niemals zuvor. Ich bin erst einige Jahre später auf 2. Mose 33 gestoßen. Gott hatte zu mir genau dasselbe gesprochen wie zu Moses: **„Weiter sagte der HERR: Siehe, hier ist ein Platz bei mir, da sollst du dich auf den Felsen stellen"** (Vers 21).

Ehre sei Gott! Er ist nur gut

Das Gebet Moses in 2. Mose 33:18 verleiht einem Wunsch Ausdruck, den jeder Gläubige hat. Moses bat Gott: **„Lass mich doch deine Herrlichkeit sehen."** Gott antwortete mit den Worten: „Ich werde all meine Güte an deinem Angesicht vorübergehen lassen." Die Herrlichkeit Gottes ist gleichbedeutend mit der Güte Gottes; die Güte Gottes ist eine Erweisung der Herrlichkeit Gottes. *Gott ist ein guter Gott!*

Kannst du dir vorstellen, wie es sein muss, wenn vollkommene Güte an dir vorüberzieht? Genau das geschah mit Moses – Gott offenbarte ihm Seine Güte. Die Länge, Tiefe, Breite und Höhe der Güte Gottes überwältigte Moses – er hatte eine Erfahrung mit der Herrlichkeit Gottes gemacht. Von diesem Tag an war er ein veränderter Mann. Die Herrlichkeit Gottes verändert uns immer. Paulus sagt, dass die Güte Gottes uns zur Umkehr leitet (Römer 2:4). Auf dem Weg nach Damaskus machte Paulus eine Erfahrung mit der Herrlichkeit Gottes. Die Herrlichkeit veränderte sein Leben so radikal, dass er sogar seinen Namen ändern musste. Paulus war von diesem Tag an ein anderer Mensch.

Die Herrlichkeit Gottes veränderte die Erscheinung Mose sosehr, dass sein Angesicht strahlte – sein Gesicht leuchtete. Die Herrlichkeit Gottes setzte sich in seiner Haut fest. Die Güte Gottes verändert alles. Die Herrlichkeit Gottes berührt und verändert jeden Aspekt unseres Lebens.

Der Psalmist David versuchte die Größe der Güte Gottes in Psalm 31:20 mit folgenden Worten auszudrücken: „Wie groß ist deine Güte ..." David Baron sagt in seinem Kommentar zu Sacharja 9:17: *„Güte ist die Eigenschaft Gottes, mit der Er am liebsten mit den Menschen kommuniziert, mit allen, die sie empfangen können oder wollen. NUR GUT ist Er – ja, Er, der selbst die Fülle und Umfänglichkeit des Guten ist, der Schöpfer alles Guten, nicht nur in einem bestimmten Sinn, nicht nur in einem Aspekt der Güte, sondern völlig und vollständig, ohne Anfang, ohne Grenze, ohne Maß. Dieses Gute, Seine Güte, kommt auf jedermann, im Verhältnis zu dessen Kapazität, sie zu empfangen; es gibt keine Grenze in Seinem Geben, außer das Vermögen Seiner Schöpfung, die Güte entgegenzunehmen."*

Der IN CHRISTUS - Aussichtsturm

Die einzige Grenze, die der Güte Gottes gesetzt ist, ist unser Vermögen, sie zu empfangen. Gott sagte zu Moses: „Ich werde dir meine Herrlichkeit zeigen ... siehe, hier ist ein Platz bei mir." Jeder Gläubige muss sich in der richtigen Position befinden, wenn er die Herrlichkeit Gottes sehen will. Es gibt einen „Aussichtsturm". Es gibt einen Ort, an dem man empfangen kann. **„... hier ist ein Platz bei mir, da sollst du dich auf den Felsen stellen"** (2. Mose 33:21). Er wird dich **IN DEN FELSEN** stellen!

Wir wissen inzwischen, dass mit diesem Felsen Jesus Christus gemeint ist. Er ist der „FELS DES HEILS". Er ist der Hort in dem wir geborgen sind. Er ist der *Beobachtungsposten.* Er ist der Ort der *Herrlichkeit.* Nimm deinen Platz **IN CHRISTUS** ein. Das ist der Ort des *grenzenlosen Empfangens.* Gott hat uns durch das, was im Tod, in der Grablegung und Auferstehung geschah, **IN CHRISTUS** hineinversetzt – *in den Felsen.* Es gibt einen Platz beim Vater Gott für jeden Gläubigen. Nimm deinen Platz beim Vater ein und empfange durch Glauben an das kostbare Blut Jesu Seine Güte!

Dein Platz beim Vater

„Wer im Schutz des Höchsten wohnt, bleibt im Schatten des Allmächtigen. Ich sage zum HERRN: Meine Zuflucht und meine Burg, mein Gott, ich vertraue auf ihn“ (Psalm 91:1,2). Psalm 91 ist eine wunderbare Lebensversicherung! Diese Versicherungsgesellschaft wird niemals bankrott gehen. Wir sollten im Schutz des Höchsten wohnen.

Finde deinen Platz beim Vater. Lebe an diesem Ort. Lass dir nicht von Hollywood diktieren, wer du bist, wo du sein solltest, wie du dich anziehen, wie du aussehen oder handeln solltest. Lass dich nicht von Menschen formen. Komm in die Gegenwart Gottes und lass dich von Ihm formen.

In Psalm 32:7 heißt es: **„Du bist ein Bergungsort für mich; vor Bedrängnis behütest du mich; du umgibst mich mit Rettungsjubel.“** Begib dich an diesen Ort der Verborgenheit beim Vater, und du wirst hören, wie jemand Rettungsjubel von sich gibt; Hallelujah!

Dein Platz in Christus

Als Saulus auf dem Weg nach Damaskus Jesus begegnete, lautete seine erste Frage an Jesus: **„Wer bist du, Herr?“** (Apg. 9:5). Die zweite Frage, die er Jesus stellte war: **„Herr, was willst du, dass ich tun soll?“** (Vers 6, Luther). Saulus, der spätere Paulus, verbrachte den Rest seines Lebens damit, herauszufinden, wer Jesus ist, und das zu tun, was Jesus von ihm wollte. Paulus prägte eine Formulierung, die sozusagen die Unterschrift in seinen Briefen ist – **in Christus.**

... jeder in der vordersten Reihe

Der Apostel Paulus verwendet über 130 Mal die Formulierung **in Christus, in Ihm** und **in welchem.** Gott sieht dich **in**

Christus, aber auch du selbst musst dich **in Ihm** sehen. Du bist eine neue Schöpfung **in Christus. In Ihm** bist du jetzt gerecht, ... jetzt gesegnet, ... jetzt geheilt, ... jetzt befreit, ... hast jetzt Vergebung, und **in Ihm** bist du jetzt siegreich! Nimm deine Position **in Christus** ein und mach dich bereit für einen Platz in der vordersten Reihe, denn dort wirst du die Herrlichkeit Gottes sehen! Das Erfahren der Herrlichkeit und Güte Gottes ist nicht etwas, das einigen wenigen Auserwählten vorbehalten ist. Gott hat einen Platz für dich reserviert, der deinen Namen trägt!

Die Leute gebrauchen diese Formulierung **„in Christus"** nur sehr selten, aber Paulus sagte, dass du **in Christus** *eine neue Schöpfung bist.* **In Ihm** *bist du die Gerechtigkeit Gottes.* **In Ihm** *bist du erfolgreich.* **In Ihm** *bist du gesegnet.* **In Ihm** *bist du erlöst.* **In Ihm** *hast du ein Erbteil – eine neue Identität und ein Erbe!*

„Wir alle aber spiegeln mit unverhülltem Angesicht die Herrlichkeit des Herrn wider und werden umgewandelt in dasselbe Bild, von Herrlichkeit zu Herrlichkeit, nämlich von des Herrn Geist." (2. Korinther 3:18, *Schlachter*). Du siehst **in Christus** viel besser aus, als außerhalb von Ihm. Was solltest du also tun? Steig auf den Felsen, geh in die Felsspalte und **in Ihm** wird die Herrlichkeit Gottes an dir vorüberziehen. **In Ihm** wirst du verwandelt werden. **In ihm** findest du Offenbarung. **In Ihm** wird die Herrlichkeit Gottes auch in deinem Haus Einzug halten.

Die Herrlichkeit ist ein Ort der Offenbarung. Gott antwortete Mose: Er antwortete: **„Ich werde ... den Namen Jahwe vor dir ausrufen"** (2. Mose 33:19). In der *Living Bible* heißt es: **„Ich werde dir die Bedeutung meines Namens bekannt machen."** Die *Moffat-Übersetzung* liest: **„... und dir so offenbaren, was der Ewige ist."** Gott offenbart sich uns in Seiner Herrlichkeit auf immer neuen Wegen. Er ist der Herr, unser Versorger, Arzt und Hirte, unsere Gerechtigkeit, unser Sieg – Er ist alles, was wir jemals brauchen!

Nachdem Mose die Herrlichkeit Gottes gesehen hatte, erweiterte sich sein Verständnis in Bezug auf das Wesen und die Größe und Güte Gottes. Jetzt konnte Mose das empfangen, was er brauchte, um den ganzen Willen Gottes ausführen zu können. **Wir müssen die Herrlichkeit Gottes sehen, um den Willen Gottes tun zu können.**

Wenn du bis jetzt noch ohne Christus gelebt hast, aber gerne **in Ihm** sein möchtest, dann bete jetzt gleich mit mir das folgende Gebet: *Vater, ich möchte meinen Platz* ***in Christus*** *bei dir finden; du hast diesen Platz für mich bestimmt, noch bevor ich im Mutterleib geformt wurde. Ich anerkenne Jesus Christus als deinen Sohn, und ich glaube, dass Er gekreuzigt, begraben und auferweckt worden und zu deiner Rechten aufgefahren ist. Er hat mit Seinem Blut für meine Erlösung, meine Freiheit, meine Gesundheit, mein Wohlergehen und für das ewige Leben bezahlt. Ich sage mich los von jedem Werk der Finsternis und nehme dich, Jesus, jetzt in mein Leben auf. Du bist mein persönlicher Herr und Erretter. Danke, dass du mich mit deinem Geist stärkst, Er wird mich lehren und mich an meinen Platz in Dir leiten. Amen.*

Gott sieht dich IN CHRISTUS, aber auch du selbst musst dich IN IHM sehen. Du siehst IN CHRISTUS viel besser aus, als außerhalb von Ihm.

Mark Hankins

2. Korinther 5:17 (Williams)

Denn wenn jemand mit Christus vereint ist, dann ist er das Werk einer neuen Schöpfung; der alte Zustand ist vergangen, ein neuer Zustand ist da.

Kapitel 4

Die Erlösung verstehen

Gottes Meisterwerk

Gottes Meisterwerk wurde **in Christus** vollbracht. Was Gott für uns im Tod, in der Grablegung und Auferstehung Christi getan hat, ist „das Meisterwerk“ schlechthin. Es ist die größte Erweisung von Liebe, Weisheit, Kraft und Gerechtigkeit der Geschichte und der Ewigkeit. Gott wirkte das **in Christus,** was Er in jedem Menschen vollbringen wollte. Du musst verstehen, was in der Zeit vom Kreuzestod Jesu bis zu Seinem Auffahren zum Thron geschah. Gott hat alles, was Er hat, **in Christus** hineingelegt und schließlich hat Er auch dich **in Christus** hinein versetzt.

Der Louvre in Paris ist berühmt für seine Ausstellung der großartigsten Kunstwerke der Welt. Sie umfasst ca. eintausendsechshundert Quadratmeter Ausstellungsfläche und zeigt einige der größten Kunstschätze der Welt. Der Louvre hat um die dreizehn Kilometer Galerien und umfasst mehr als eine Million Kunstwerke.

Als ich einmal in Paris predigte, hatte ich Zeit für eine Stadtrundfahrt. Auf dem Weg zum Louvre informierte mich mein Begleiter, dass es dort mehr als vierhunderttausend Meisterwerke zu sehen gäbe. Wenn ich vier Sekunden vor jedem zubringen würde, bräuchte ich drei Monate, um alles zu sehen. Weil ich nicht so viel Zeit hatte, ging ich direkt zum Informationsschalter, um das weltberühmte Meisterwerk von Leonardo da Vinci, die „Mona Lisa“ zu finden. Wir gingen geradewegs zur „Mona Lisa“, und verbrachten dort einige Zeit.

Wenn man sich alle anderen Gemälde und Skulpturen anschaut, aber die „Mona Lisa“ auslässt, dann hat man das wichtigste Kunstwerk verpasst. Dasselbe gilt auch für die Bibel. Sie enthält die weltgrößte Sammlung der Kunstwerke Gottes. Wenn man allerdings all die schönen Bilder im Wort Gottes sehen würde, aber dabei Gottes größtes Meisterwerk verpasst, dann hat man eigentlich die ganze Bibel verpasst.

Die Bibel ist die Geschichte der Erlösung der Menschheit. Alle sechsundsechzig einzelnen Bücher der Bibel enthalten Bilder des Planes und der Absicht Gottes, den Menschen mit sich zu versöhnen. In jedem Buch der Bibel kann man Bilder und Andeutungen finden, die auf Jesus hinweisen. Die Bibel handelt von Jesus, unserem Erlöser und Seinem Werk. Wenn du Erlösung studierst, ist der Heilige Geist dein Reiseführer.

Erste Priorität

„Denn ich habe euch vor allem überliefert, was ich auch empfangen habe: dass Christus für unsere Sünden gestorben ist nach den Schriften; und dass er begraben wurde und dass er auferweckt worden ist am dritten Tag nach den Schriften“ (1. Korinther 15:3,4). Der Tod, die Grablegung und die Auferstehung Jesu bilden das Zentrum des Evangeliums. Paulus sagt: **„... ich habe euch vor allem überliefert ...“.** Die *Revised Standard Version* übersetzt diese Worte mit **„in erster Priorität“.** Die *New English Bible* liest: **„Zuallererst habe ich euch die Tatsachen übergeben, die mir mitgeteilt worden sind.“** Die *Weymouth* Übersetzung sagt: **„... vor allem anderen“.** Das, was erste Priorität hat, ist das, was Gott für uns **in Christus,** in Seinem großen Erlösungsplan, getan hat.

Erlösung ist eine **in Christus** vollendete Tatsache. Jesus sagte: **„Und ihr werdet die Wahrheit erkennen, und die Wahrheit wird euch frei machen“** (Johannes 8:32). Die Wahrheit wird dir nicht helfen, wenn du sie nicht kennst. Du musst erkennen und verstehen, was Gott für dich getan hat. In Johannes 16:13 nannte Jesus den Heiligen Geist den „Geist der Wahrheit“. Gott möchte, dass du frei bist. Er hat dir Seinen Heiligen Geist gegeben, um dir die Dinge Christi zu zeigen.

Eine einfache Definition des Begriffs „Erlösung" lautet: „Befreiung, die durch das Bezahlen eines Lösegeldes zustande kommt." *Webster's Dictionary* umschreibt das Wort *erlösen* (Engl. *to redeem*) mit *zurückkaufen; wiedererlangen; loskaufen; abzahlen; aus Gefangenschaft befreien; auslösen.* In 1. Timotheus 2:6 sagt der Apostel Paulus: **„... der sich selbst als Lösegeld für alle gab, als das Zeugnis zur rechten Zeit."** Andere Übersetzungen lesen: **„... der den Preis der Freiheit für alle Menschen bezahlt hat ..."** (*Plain English*); **„... er gab sich selbst zum Lösegeld für alle möglichen Gruppen von Menschen ..."** (*Adams*); **„Er gab sich selbst, um alle Menschen zu befreien. Jesus gab sich selbst als ein Lösegeld für uns. Er hat unsere Freiheit erkauft"** (*Translator's New Testament*).

Glaube beginnt, wenn man die Erlösungstatsachen kennt. Gott hat den Preis für dich vor zweitausend Jahren **in Christus** bezahlt. Wie es in dem alten Lied heißt: „Jesus hat alles bezahlt." Christentum beginnt nicht mit etwas, das du tust, sondern mit etwas, das **in Christus** für dich vollbracht wurde. Alles, was Jesus in Seinem Tod und in Seiner Auferstehung getan hat, hat Er für dich getan, oder wie es eine Übersetzung sagt: **„... an deiner Stelle."**

Wenn alles, was Jesus getan hat, „für dich" getan wurde, dann wurde es sozusagen deinem Konto gutgeschrieben. Man könnte sagen, dass Jesus die Ehre für alles bekommt, was getan wurde, aber du hast den „Nutzen" davon, weil Er an deiner Stelle gehandelt hat. Eine meiner Lieblingsschriftstellen ist Hebräer 9:12: **„... und nicht mit Blut von Böcken und Kälbern, sondern mit seinem eigenen Blut** (ist er) **ein für allemal in das Heiligtum hineingegangen und hat uns eine ewige Erlösung erworben."** Die *Goodspeed* Übersetzung sagt: **„... er hat uns eine bleibende Befreiung gesichert."** Ich liebe das! Denk' mal darüber nach! Jesus hat uns eine bleibende Befreiung gesichert. Das ist eine Feststellung, die es in sich hat!

Du brauchst eine neue Identität, um deine Bestimmung erreichen zu können. Deine neue Identität ist IN CHRISTUS.

Mark Hankins

Epheser 2:10 (Amplified)

Denn wir sind Gottes (eigenes) Werk (seine Wertarbeit), neugeschaffen in Christus Jesus, (von neuem geboren), um die guten Werke zu tun, die Gott für uns vorherbestimmt (vorher geplant) hat, (wir schlagen Wege ein, die er für uns zuvor bereitet hat), damit wir in ihnen wandeln sollten; so leben wir das gute Leben, das er für uns vorbereitet und bereitgestellt hat.

Die Herrschaft des Satans über die Menschheit ist aufgrund dessen, was Jesus getan hat, dauerhaft zerbrochen worden. Erlösung ist nicht eine vorübergehende Angelegenheit, die der Mensch irgendwie vervollständigen oder die später durch etwas Wirksameres ersetzt werden müsste. Die *Amplified Bible* sagt: **„... eine vollständige Erlösung, eine bleibende Befreiung.“** Eine vollständige Erlösung schließt alles mit ein. Eine **„bleibende Befreiung“** bedeutet, sie währt für immer. Gott hat nichts vergessen.

Alles, was der Mensch braucht, steht **in Christus** zur Verfügung. Für die Vergangenheit, die Gegenwart und die Zukunft ist gesorgt. Für den Geist, die Seele und den Leib ist gesorgt – und das alles aufgrund dessen, was Jesus „für uns“ getan hat. Das bedeutet, dass du nicht versuchst, es zu ergreifen, oder kämpfst, um es zu erfassen; sondern Jesus hat es für dich vollbracht, also gehört es dir. Du hast es jetzt. Erlösung ist eine vollendete Tatsache **in Christus.**

Die Definition des Begriffs „Erlösung“ lautet: „Befreiung, die durch das Bezahlen eines Lösegeldes erreicht wird.“ Jesus hat den Preis für deine Freilassung bezahlt. Schau dir verschiedene „Er hat“ Schriftstellen an, die der Apostel Paulus in seinen Briefen niederschrieb. **„Christus ‚hat‘ dich losgekauft vom Fluch des Gesetzes“** (Galater 3:13); **„Gott ‚hat‘ dich fähig gemacht zu deinem Anteil am Erbe“** (Kolosser 1:12); **„Er ‚hat‘ dich errettet aus der Macht der Finsternis und ‚hat‘ dich versetzt in das Königreich des Sohnes seiner Liebe“** (Kolosser 1:13); **„Er ‚hat‘ dich gesegnet mit jedem geistlichen Segen in Christus“** (Epheser 1:3). Diese „Er hat“ Schriftstellen zeigen auf, dass Jesus den Preis bezahlt hat – Vergangenheit. Der Gefangene muss freigelassen werden.

Der Mensch wird buchstäblich von der Sünde, vom Satan, von Krankheit, Furcht, Armut, Schuld und vielen anderen Dingen gefangengehalten. Jesus hat den Preis für deine Freiheit bezahlt. Jesus sagte: **„... und ihr werdet die Wahrheit erkennen, und die Wahrheit wird euch frei machen. ... Wenn nun**

der Sohn euch frei machen wird, so werdet ihr wirklich frei sein“ (Johannes 8:32 u. 36). In der ersten Botschaft, die Jesus predigte, sagte Er, dass Er **„den Gefangenen Freiheit ausrufen“** würde (Lukas 4:18). Die *Beck's* Übersetzung liest: **„... er hat mich gesandt, um den Gefangenen anzukündigen: ‚Ihr seid frei.'“**

Jesus redet hier nicht von Seinem „Gefängnisdienst“. Es gibt viele Menschen, die man als Gefangene bezeichnen kann, die nicht in einem Gefängnis oder Zuchthaus sitzen. Ein Gefängnisdienst ist etwas Großartiges, aber es gibt viele Menschen, die in Gefangenschaft gehalten werden, obwohl sie nicht hinter „schwedischen Gardinen“ sitzen; sie sitzen sozusagen hinter dem „teuflischen Vorhang“.

Nur Jesus kann Befreiung bringen. Nur die Kraft des Evangeliums kann Freiheit bringen. Deine Befreiung aus dem Gefängnis wurde durch die Bezahlung eines Lösegeldes bewirkt, das „an deiner Stelle“ bezahlt wurde. Mit anderen Worten, es geht hier nicht um einen gesetzeswidrigen Ausbruch aus dem Gefängnis, sondern deine Erlösung wurde auf legaler Grundlage durch das Blut Jesu erkauft. Sein Tod und Seine Auferstehung haben eine für jeden Menschen gültige, neue, universelle Tatsache geschaffen. Jesus hat deine Freiheit erkauft. Das bedeutet, dass die Gefängnistore des Teufels, der Sünde, der Krankheit geöffnet sind und der Gefangene auf freien Fuß gesetzt wurde, und zwar rechtmäßig! Der Gefangene muss nicht in der Dunkelheit der Nacht entwischen. Er kann bei Tageslicht hinausgehen, weil seine Entlassung legal ist. Gott hat dir keine unrechtmäßige Erlösung gegeben. Gott ist gerecht, und Er hat deine Freilassung in gerechter Art und Weise bewirkt.

Du warst ein Gefangener, aber jetzt bist du frei. Du brauchst dich nicht zu verstecken oder für den Rest deines Lebens in Furcht herum zu schleichen. Du bist befreit und gerecht gemacht worden und hast ewiges Leben empfangen, und das alles auf rechtmäßiger Grundlage. In 1. Petrus 1:18,19 heißt es: **„Denn ihr wisst, dass ihr nicht mit vergänglichen Dingen, mit Sil-**

ber oder Gold, erlöst worden seid ... sondern mit dem kostbaren Blut Christi.“ Keine noch so große Geldsumme hätte deine Befreiung aus der Hand des Satans, der Sünde oder der Vergangenheit erkaufen können. Nur das Blut Jesu hatte als legales Zahlungsmittel für deine Freiheit Gültigkeit. Wenn Jesus einen so hohen Preis für deine Freilassung bezahlt hat, dann solltest du nicht hinter den Gitterstäben sitzen bleiben. Die Gefängnistür ist offen. Du kannst ganz einfach hinausgehen, wenn du erkennst, was Gott **in Christus** für dich getan hat.

Eine rechtmäßige Freilassung

Es ist nicht so, dass du im Gefängnis warst und jemand, der dich besuchte, dir eine kleine Feile, eine Säge oder etwas Ähnliches mitgebracht hätte, um dir die Möglichkeit zu geben, dich irgendwie aus eigener Kraft zu befreien. Nacht für Nacht wärst du dann aufgestanden und hättest, in der Hoffnung, nicht erwischt zu werden, heimlich an den Stäben gefeilt. Nach Monaten und Jahren der Arbeit hättest du schließlich einige Stäbe durchbrechen und den Versuch eines Ausbruchs unternehmen können. Du wärst gelaufen und die Hunde und Aufseher hätten dich auf deinem Weg durch den Sumpf gejagt, um dich schließlich wieder einzufangen und im selben Gefängnis wieder „einzulochen“.

Nun, dieses Bild beschreibt nicht die Freilassung, die Gott für dich erkauft hat! Dieses Bild beschreibt den Kampf menschlicher Möglichkeiten, die nur ein Versuch sind, in die Freiheit zu gelangen. Das Evangelium Christi ist die Kraft Gottes. Gott hat dich durch Seine Kraft **in Christus** stellvertretend befreit. Das Gefängnistor steht offen! Kein Feilen ist nötig, kein Wegschleichen, kein Rennen auf der Flucht, keine Sümpfe erwarten dich, keine Hunde bellen hinter dir her. Es ist nicht deine Anstrengung. Es ist Gottes Geschenk an jeden Menschen, der **in Christus** ist. Christus **„hat“** dich losgekauft. Du kannst aus deiner Gebundenheit in eine herrliche Freiheit einziehen. Du bist rechtmäßig freigelassen worden. Halte dein Haupt aufrecht und geh hinaus im Namen Jesus!

In Galater 3:13 finden sich drei einfache und dennoch sehr kraftvolle Feststellungen: **„Christus hat uns losgekauft von dem Fluch des Gesetzes, indem er ein Fluch für uns geworden ist, denn es steht geschrieben: Verflucht ist jeder, der am Holz hängt!“** Lasst uns genauer hinschauen! Die erste Tatsache ist die, dass du losgekauft worden bist. Die zweite beschreibt das, wovon du losgekauft worden bist, nämlich vom Fluch des Gesetzes. Die dritte Tatsache beschreibt, wie dieser Freikauf geschehen ist: Christus ist ein Fluch für dich geworden. Mit anderen Worten, Christus nahm deinen Fluch auf sich, damit du frei sein würdest.

Eine Übersetzung gibt den Vers folgendermaßen wieder: **„Das Gesetz legte einen Fluch auf uns. Aber Christus hat diesen Fluch von uns weggenommen. Christus hat diesen Fluch auf sich selbst geladen ...“** (*Deaf*). Die *Hayman's* Übersetzung liest: **„Christus war es, der uns von diesem Fluch des Gesetzes erlöst hat, indem er den Fluch auf sich selbst hat kommen lassen.“** Die *Weymouth* Übersetzung sagt: **„Christus hat unsere Freiheit erkauft.“** Jesus hat einen viel zu hohen Preis für deine Freiheit bezahlt, als dass du in Gebundenheit leben dürftest. Es ist eine Beleidigung Gottes, wenn du im Gefängnis bleibst, obwohl Jesus den Preis für deine Befreiung bezahlt hat. Satan kann dich nicht zurückhalten. Sünde kann dich nicht zurückhalten. Die Vergangenheit kann dich nicht zurückhalten. Zurück zu unserer ersten Tatsache: DU BIST LOSGEKAUFT!

Als Nächstes sagt Paulus dir, wovon du losgekauft worden bist, nämlich vom Fluch des Gesetzes (Galater 3:13). Ja, es ist wahr, dass du eines Tages in den Himmel kommen wirst, und das wird ein großer Tag sein. Trotzdem – und jemand hat es mit diesen Worten ausgedrückt: „Ich brauche nicht erst Hilfe, wenn ich in der süßen Ewigkeit angekommen bin; ich brauche Hilfe im bitteren Hier und Jetzt." Der Fluch des Gesetzes ist heute gebrochen, und zwar für jeden Menschen, der **in Christus** ist. Das Zentrum des Evangeliums besteht aus dem, das Gott **in Christus** für dich getan hat. Christus **„hat"** dich losgekauft – und zwar nicht erst, wenn du in den Himmel kommst. Der Fluch des Gesetzes ist zerbrochen – nicht nur für ein paar wenige Auserwählte – sondern für jeden, der bereit ist, das Evangelium zu hören und zu glauben.

Jesus hat dieses Evangelium unter Beweis gestellt, indem Er die Kranken geheilt und die Gefangenen dieser Welt freigesetzt hat. Dasselbe Evangelium hat auch in der Apostelgeschichte zu denselben Resultaten geführt. In Römer 10:17 heißt es: **„Glaube kommt aus dem Hören und das Hören aus dem Wort Gottes"** (KJV). Paulus predigte das Evangelium, und der lahme Mann in Lystra empfing Glauben, geheilt zu werden, als er die Botschaft hörte (Apg. 14:7). Paulus sagte mit lauter Stimme: **„Stelle dich gerade hin auf deine Füße!"** Der Mann sprang auf und ging umher. Die Anwesenden dachten, dass Paulus den Mann geheilt habe, aber es war ganz einfach eine Demonstration der Kraft des Evangeliums.

Wenn du wissen willst, was der Fluch des Gesetzes alles beinhaltet, musst du 5. Mose, Kapitel 28 aufschlagen. Die Flüche werden in den Versen 15-68 aufgelistet. Diese Liste enthält alles von Krankheit und Gebrechen über Armut bis hin zu Familien-Tragödien und Katastrophen, die eine ganze Nation betreffen. Der Fluch umfasst jeden Ort, an den du gehst, alles, was du tust und jeden, der zu dir gehört. Unter dem Fluch wirst du sozusagen zu einem wandelnden Desaster auf drei Ebenen, geistlich, seelisch und physisch. Aber Christus **„hat"** dich von diesem Fluch losgekauft. Er hat den Preis für deine Freiheit bezahlt. Der Fluch ist gebrochen, gerade jetzt.

Du kannst die Umkehrung des Fluches sehen, wenn du 5. Mose 28:1-13 liest. Alle diese Segnungen werden über dich kommen und dich erreichen. Du bist gesegnet in der Stadt, auf dem Feld, in der Familie; körperlich, geschäftlich ... und du bist

„das Haupt und nicht der Schwanz, und du wirst nur immer aufwärts steigen und nicht hinuntersinken".

Christus **„hat"** dich losgekauft. Das Evangelium ist die Gute Nachricht, dass der Mensch durch Jesus Christus ewiges Leben empfangen hat. Dieses Leben ist das tatsächliche Leben Gottes, das Er Seinen Kindern verliehen hat. Es ist ein Leben, das überwindet; ein herrschendes Leben, ein sieghaftes Leben, ein gesegnetes Leben, ein heilendes Leben, aber nicht erst, wenn du in den Himmel kommst, sondern es ist das Leben des Himmels, das schon in dieser Welt durch dich fließt.

Das Evangelium Jesu Christi ist die Kraft Gottes zur Errettung einem jeden, der glaubt (Römer 1:16). Jemand sagte einmal: „Wenn du meinst, dass du mehr Kraft brauchst, dann brauchst du eigentlich nur mehr Evangelium." Das Evangelium ist die Kraft Gottes. Das Wort Evangelium bedeutet „Frohe Botschaft" oder „Gute Nachricht". Das Evangelium ist das Mittel, in das Gott Seine Kraft mit der Absicht, Errettung zu bewirken, hineingelegt hat.

Gott hat Seine Kraft auf die tiefsten Bedürfnisse des Menschen gerichtet, auf allen drei Ebenen, die den Menschen betreffen: Geist, Seele und Leib. Gott kennt die Wurzel deiner Probleme und Seine Kraft zielt in wirksamer Weise darauf ab. Alles, was Satan in Adam zerstört hat, hat Gott **in Christus** ins Gegenteil verwandelt. Das Wort „Errettung" hat eine fünffache Bedeutung: Befreiung, Heilung, Sicherheit, Bewahrung, Unversehrtheit. Nicht nur der Himmel steht im Zentrum dieser Botschaft, sondern auch die Erde.

Beachte, dass wir **in Christus** Erlösung haben. **„In ihm haben wir die Erlösung durch sein Blut, die Vergebung der Sünden"** (Kolosser 1:14, *KJV*). In der *Living Bible* heißt es: **„... der unsere Freiheit mit seinem eigenen Blut erkauft hat."** Bei Goodspeed heißt es: **„... durch den wir aus der Gefangenschaft freigekauft worden sind."** In Epheser 1:7 sagt Paulus durch den Heiligen Geist ebenfalls: **„In ihm haben wir die Erlösung durch sein Blut, die Vergebung der Vergehungen,**

nach dem Reichtum seiner Gnade.“ In anderen Übersetzungen heißt es: **„In und durch Christus und durch das Opfer seines Lebens, sind wir befreit worden ...“** (*Barclay*); **„... weil er sein Blut vergossen hat, haben wir in ihm Freiheit ...“** (*Barth*); **„Denn durch das überragende Opfer dieses Einen, haben wir die Freilassung bekommen ...“** (*Jordan*); **„... der uns mit seinem Blut erkauft hat, damit er unsere Sünden vergebe und uns befreie ...“** (*Beck*).

Der Tod, die Grablegung und Auferstehung Christi bilden das Zentrum des Evangeliums. Nach Seiner Auferstehung sagte Jesus zu Seinen Jüngern: **„Geht hin in die ganze Welt und predigt das Evangelium der ganzen Schöpfung!“** (Markus 16:15). In der Apostelgeschichte finden wir zehn Botschaften niedergeschrieben, die uns zeigen, wie damals das Evangelium definiert wurde; fünf dieser Botschaften stammen von Petrus und fünf von Paulus.

In jeder dieser Botschaften lautet die zentrale Aussage, dass Jesus starb und begraben wurde, aber von den Toten auferstanden ist. Er lebt! Das ist die zentrale Botschaft des Evangeliums. Die Jünger wussten, was durch diese Ereignisse für jeden Menschen verfügbar geworden ist. Die Kraft, die Gott in der Auferstehung freigesetzt hat, ist in dieser Botschaft enthalten.

Jemand hat einmal gesagt, dass der Tod, die Grablegung und Auferstehung Christi „ewige Ereignisse Gottes“ sind. Wir ordnen ihnen ein Datum und einen Ort zu, weil es sich um historische Ereignisse handelt, aber sie sind mehr als nur „Geschichte“. Sie sind übernatürliche, ewige Ereignisse Gottes, und sie können zu jeder Zeit besucht werden, als ob sie gerade jetzt geschehen würden. Dieselbe Kraft, die Gott während dieser Ereignisse wirken ließ, befindet sich auch in der Botschaft von diesen Ereignissen. Das Evangelium enthält die Kraft, die Gott vor zweitausend Jahren **in Christus** wirksam werden ließ.

Das Evangelium bewirkt Glauben. Das Wort Gottes ist lebendig. Christus **„hat“** dich losgekauft! Das Evangelium ist nicht die Gute Nachricht davon, dass Gott dir helfen *kann.* Es ist nicht die Gute Nachricht, dass Gott dir helfen *will.* Es ist die Gute Nachricht davon, dass Gott dir **in Christus** *bereits geholfen hat.* Der Preis ist bezahlt worden und der Gefangene ist frei. Der Fluch der Sünde und des Satans ist durch den mächtigen Namen Jesus zerbrochen worden. Sein Blut spricht auch heute noch von unserer Erlösung.

Die Briefe, die Paulus an die Gemeinden schrieb, enthalten ein ganzes Netzwerk von Offenbarung darüber, wer Christus ist und was Er getan hat. Ich nenne es in Anlehnung an die *Weymouth* Übersetzung von Römer 6:17 das „Wahrheitssystem des Paulus“: **„Dank aber sei Gott, dass ihr, obwohl ihr einst in Knechtschaft der Sünde wart, jetzt von Herzen gehorsam geworden seid gegenüber dem System der Wahrheit, in dem ihr unterrichtet worden seid.“**

Dieses „Wahrheitssystem“ findet sich in allen Briefen des Paulus. Diese Dinge sind eng mit einander verbunden und bilden ein „Erlösungsnetzwerk“, das auf dem Tod und der Auferstehung Christi gründet und die Wiederherstellung des Menschen zum Ziel hat. In diesem „Wahrheitssystem“ des Paulus gibt es acht Unterpunkte:

1. Der Mensch lebt auf drei Ebenen: Geist, Seele und Leib
2. Identifikation mit Adam
3. Der Zustand des Menschen in Adam
4. Was mit Jesus vom Kreuz bis zum Thron geschah
5. Identifikation mit Christus
6. Wer wir **jetzt in Christus** sind und was wir in Ihm haben
7. Was Jesus für uns zur rechten Hand des Vaters bewirkt
8. Wie man zu geistlicher Reife gelangen kann

Ich habe dieses Wahrheitssystem von Paulus studiert, seit ich ungefähr siebzehn Jahre alt bin. Die Beschäftigung mit diesem Thema bin ich noch immer nicht leid geworden und ich bin damit auch nicht ans Ende gekommen. Ich streife es hier nur kurz. (Du kannst mein Buch *„Paul's System of Truth“* bestellen.)

In Römer 6:17,18 sagt Paulus: **„Dank aber sei Gott, dass ihr Diener der Sünde wart, aber von Herzen gehorsam geworden seid dem Bild der Lehre, das euch übergeben worden ist. Und da ihr von der Sünde befreit worden seid, seid ihr zu Dienern der Gerechtigkeit geworden“** (KJV).

Du bist nicht nur von der Sünde befreit worden, sondern hier heißt es, dass du ein Diener oder ein Sklave der Gerechtigkeit geworden bist. Wie ist dies geschehen? Paulus sagt, dass du dem Bild der Lehre gehorsam geworden bist, das dir übergeben wurde.

Viele Leute sagen: „Nun, Lehre ist Gesetzlichkeit oder Lehre ist an bestimmte Gruppen von Gemeinden gebunden oder Lehre macht mich unfrei.“ Wie dem auch sei, der Apostel Paulus sagt: **„Alle Schrift ist von Gott eingegeben und nützlich zur Lehre, zur Überführung, zur Zurechtweisung, zur Unterweisung in der Gerechtigkeit, damit der Mensch Gottes richtig sei, für jedes gute Werk ausgerüstet“** (2. Timotheus 3:16,17).

Die *Weymouth* Übersetzung von Römer 6:17 liest: **„... von Herzen gehorsam geworden seid gegenüber dem System der Wahrheit, in dem ihr unterrichtet worden seid.“** Lehre ist also ein Wahrheitssystem. Was ist ein System? Ein System ist eine Gruppe von Elementen, die untereinander verknüpft und voneinander abhängig sind. Sie können nicht für sich allein stehen; sie funktionieren nur zusammen. Das ist ein System.

Netzwerke arbeiten zusammen. Fernsehnetzwerke wie ABC, NBC und CBS zum Beispiel haben Gemeinschaftssender. Sie müssen dieselben Programme zeigen wie die Hauptstation, ansonsten können sie nicht zu diesem Netzwerk gehören. Computersysteme funktionieren oft in einer Netzwerkstruktur. Das Universum besteht aus verschiedenen Sonnensystemen. Der menschliche Körper hat unter anderem ein Nervensystem und ein Verdauungssystem.

Die einfachste Erklärung eines Systems ist das Bild einer Kette. Eine Kette besteht aus einer Reihe von Gliedern, die mit einander verbunden sind und zusammen die Stärke der Kette ausmachen. Kein Glied für sich ist eine Kette; alle Glieder gehören zusammen und sind voneinander abhängig. Im „Wahrheitssystem" des Paulus bilden die acht erwähnten Unterpunkte die acht Glieder, die gemeinsam auf die Erlösung ausgerichtet sind. Ihr seid **„jetzt von Herzen gehorsam geworden, gegenüber dem System der Wahrheit, in dem ihr unterrichtet worden seid"** (Römer 6:17, *Weymouth*).

Alles, was Paulus in Rom lehrte, lehrte er auch in Kolossä, Ephesus, Korinth, Thessalonich, und er schrieb es auch in seinem Brief an die Hebräer. Dieses Wahrheitssystem enthält die Offenbarung dessen, was Gott **in Christus** getan hat, in Seinem Tod, Seiner Grablegung und Auferstehung; und wie diese Tatsachen unser Leben verändert haben. Paulus ist in diesen Dingen umfassender als die anderen biblischen Schreiber.

Verkündigung, Demonstration und Erklärung

Die vier Evangelien – Matthäus, Markus, Lukas und Johannes – sind eine Verkündigung des Evangeliums. Die Apostelgeschichte ist eine Demonstration des Evangeliums. Die Briefe von Paulus sind eine Erklärung des Evangeliums. Wir müssen das Evangelium Christi in allen drei Formen haben: Verkündigung, Demonstration und Erklärung.

Einer der Aufträge des Paulus war es, eine vom Heiligen Geist inspirierte Erklärung des Evangeliums Christi niederzuschreiben. Die Offenbarung von Paulus vermittelt uns die Notwendigkeit der Kreuzigung Christi. Er berichtet uns, was in der unsichtbaren Welt oder „im Geist" geschah. Die vier Evangelien zeigen uns, was Menschen gesehen haben, und die Briefe des Paulus teilen uns mit, was Gott gesehen hat. Paulus berichtet uns, was aus Gottes Sichtweise geschah, als Jesus starb und aus den Toten auferweckt wurde. Paulus sagt uns, was geschah, als Jesus in den Himmel auffuhr und durch Sein Blut eine ewig gültige Erlösung für uns erworben hat.

Die vier Evangelien sind sozusagen eine Fotografie der Erlösung, die Briefe des Paulus ein Röntgenbild. Auf einem Röntgenbild kann man Dinge sehen, die auf einer Fotografie nicht zu sehen sind. Beide Arten von Bildern sind notwendig. Das Evangelium ist vielfältig und begegnet jedem Bedürfnis.

IN CHRISTUS bist du
nicht nur ein anderer Mensch,
IN IHM bist du eine
NEUE ART von Mensch.
Du bist eine NEUE ART
von Schöpfung, wie sie
niemals zuvor existiert hat.

Mark Hankins

2. Korinther 5:17 (KJV)

Darum, wenn jemand in Christus ist, so ist er eine neue Schöpfung: Alte Dinge sind vergangen; siehe, alles ist neu geworden.

Kapitel 5

Gerechtigkeit verstehen

Damit dein Glaube entsprechend machtvoll wirken kann, ist es unentbehrlich, zu verstehen, was Gerechtigkeit bedeutet und was Erlösung beinhaltet. Gerechtigkeit bedeutet, einen gerechten Stand vor Gott zu haben. Gerechtigkeit ist das Hauptthema des Römerbriefes. Der Apostel Paulus beginnt den Brief mit der Feststellung, dass das Evangelium Christi im Grunde genommen eine Offenbarung von Gerechtigkeit ist. **„Denn ich schäme mich des Evangeliums nicht, ist es doch Gottes Kraft zum Heil jedem Glaubenden, sowohl dem Juden zuerst als auch dem Griechen. Denn Gottes Gerechtigkeit wird darin geoffenbart aus Glauben zu Glauben, wie geschrieben steht: Der Gerechte aber wird aus Glauben leben“** (Römer 1:16,17).

Gerechtigkeit bedeutet, in einem Zustand göttlicher Gunst zu leben, vor Gott bewährt und von Ihm angenommen zu sein. Gerechtigkeit ist ein Geschenk. In Römer 5:17 heißt es: **„Denn wenn durch die Übertretung des einen der Tod durch den einen geherrscht hat, so werden viel mehr die, welche den Überfluss der Gnade und der Gabe der Gerechtigkeit empfangen, im Leben herrschen durch den einen, Jesus Christus.“**

Das Evangelium ist eine Offenbarung dessen, wie Gott Menschen gerecht macht. 2. Korinther 5:21 sagt dir nicht nur, was du hast, sondern auch, wie du es bekommen hast: „**Den, der Sünde nicht kannte, hat er für uns zur Sünde gemacht, damit wir Gottes Gerechtigkeit würden in ihm.“** Jesus nahm deinen sündigen Zustand auf sich, damit du Seinen Zustand der Gerechtigkeit empfangen kannst. Er ist an deine Stelle getreten, damit du Seine Position einnehmen kannst.

Stellvertretung, Identifikation, Einheit

Alles, was Jesus getan hat, hat Er letztlich für dich getan – es wird deinem Konto gutgeschrieben, als ob du es selbst getan hättest. Stellvertretung, Identifikation und Einheit mit Christus ist die Abfolge, um die es geht. Wenn jemand von neuem geboren wird, ist er eine neue Schöpfung **in Christus** Jesus; die alten Dinge sind vergangen und alles ist neu geworden (2. Korinther 5:17). Gott hätte niemals eine neue Schöpfung gemacht, die nicht gerecht ist. Wenn du errettet bist, dann musst du gerecht sein. In Römer 10:9,10 heißt es: **„Denn wenn du mit deinem Munde Jesus als den Herrn bekennst und in deinem Herzen glaubst, dass Gott ihn von den Toten auferweckt hat, so wirst du gerettet; denn mit dem Herzen glaubt man, um gerecht, und mit dem Munde bekennt man, um gerettet zu werden“** (Schlachter).

Als Jesus aus den Toten auferweckt wurde, bist du gerechtfertigt bzw. für gerecht erklärt worden. **„... der unserer Übertretungen wegen dahingegeben und unserer Rechtfertigung wegen auferweckt worden ist“** (Römer 4:25). Man könnte sagen, dass Jesus nicht aus den Toten auferweckt worden ist, bis deine Gerechtsprechung vollzogen war. Die Strafe für die Sünde ist vollständig bezahlt worden und Gott hat dich für gerecht erklärt. Aus diesem Grund ist das Evangelium Gute Nachricht für jeden Menschen. In Römer 3:21-26 sagt Paulus es mit folgenden Worten: **„Jetzt aber ist ohne Gesetz Gottes Gerechtigkeit geoffenbart worden, bezeugt durch das Gesetz und die Propheten: Gottes Gerechtigkeit aber durch Glauben an Jesus Christus für alle, die glauben. Denn es ist kein Unterschied, denn alle haben gesündigt und erlangen nicht die Herrlichkeit Gottes und werden umsonst gerechtfertigt durch seine Gnade, durch die Erlösung, die in Christus Jesus ist. Ihn hat Gott hingestellt als einen Sühneort durch den Glauben an sein Blut zum Erweis seiner Gerechtigkeit wegen des Hingehenlassens der vorher geschehenen Sünden**

unter der Nachsicht Gottes; zum Erweis seiner Gerechtigkeit in der jetzigen Zeit, dass er gerecht sei und den rechtfertige, der des Glaubens an Jesus ist.“

Durch den Glauben an das kostbare Blut Jesu gehört Gerechtigkeit dir. Gott hat dem Sünder nicht nur vergeben, sondern ihn zu Seiner eigenen Gerechtigkeit gemacht. Er hat denen, die an Jesus glauben, nicht nur vergeben, sondern Er hat sogar vergessen, dass sie jemals etwas Falsches getan haben (Jesaja 43:25,26). Du hast nicht nur Vergebung empfangen, sondern du wurdest neu geschaffen, und Gottes eigene Gerechtigkeit ist dir zu teil geworden. Wir sind in Gerechtigkeit neu geschaffen worden.

Jesus hat dir Seinen eigenen Stand vor dem Vater gegeben. Jesus lässt dich an Seiner Position vor dem Vater Anteil haben. Deine Position der Gerechtigkeit befindet sich **in Christus. In Ihm** bist du frei von der Macht, der Oberherrschaft und den Auswirkungen der Sünde. Wenn du **in Ihm** bist, kannst du zuversichtlich in Gottes Gegenwart kommen. **In Ihm** und durch den Glauben an Sein Blut hast du nicht nur Kühnheit und Zuversicht vor Gott, sondern auch gegenüber deinem Widersacher, dem Teufel, der auftritt, um dich zu verklagen. **In Ihm** bist du frei von Schuld und Schmach. **In Ihm** bist du frei von Minderwertigkeit und Unwürdigkeit.

In Glaube, Liebe und Heiligkeit kannst du wachsen, aber nicht in Gerechtigkeit. Du kannst niemals gerechter werden, als du es im Augenblick deiner neuen Geburt warst, denn damals bist du im Blut Jesu reingewaschen worden. Als neue Schöpfung bist du so gerecht, wie es nur irgend möglich ist!

Erstklassige Gerechtigkeit

Ich bin häufig mit dem Flugzeug unterwegs, daher weiß ich, dass man Touristenklasse, „Business Class“ oder „First Class“ fliegen kann. Ich hatte gelegentlich das Vorrecht, „First Class“

zu fliegen und habe dabei festgestellt, dass es einen großen Unterschied zwischen dem Service in der „First Class“ und dem Service in der Touristenklasse gibt.

Wenn man „First Class“ fliegt, dann sorgt der Flugbegleiter sogleich, nachdem man die Maschine bestiegen hat, dafür, dass es einem an nichts fehlt, das man für einen angenehmen Flug braucht. Man bekommt etwas zu essen und zu trinken angeboten. Der Mantel wird einem abgenommen, man erhält eine Decke und ein Kissen; und auch das Gepäck wird verstaut. In der Touristenklasse allerdings könnte man beinahe den Eindruck bekommen, dass man unerwünscht ist. Die Sitze sind nicht besonders bequem. Man sollte lieber keine Spezialwünsche äußern, denn alles, was man für gewöhnlich als Antwort zu hören bekommt, ist: „Darum müssen sie sich selbst kümmern!“

Wenn man einen Sitz in der Gangreihe hat, sieht man weit nach vorne bis ins „First Class“-Abteil hinein. Man weiß zwar, dass es da vorne anders zu geht, aber man selbst sitzt eben in der Touristenklasse. Nach einer Weile wird einem sogar dieser Blick verwehrt; ein Vorhang wird gezogen, als ob einem klar gemacht werden soll, dass man es nicht einmal verdient hat, in dieses Abteil hineinzuschauen. Spätestens, wenn der Nachbar anfängt zu schnarchen und zu sabbern, wird einem endgültig klar, dass man nur in der Touristenklasse fliegt. Gott hat diese Erfahrungen dazu gebraucht, zu mir zu sprechen. Er sagte: „Es gibt keine *Gerechtigkeit der Touristenklasse,* die Gerechtigkeit Gottes ist immer eine *erstklassige Gerechtigkeit!“*

Immer, wenn jemand Jesus annimmt, wird er in diesem Augenblick zur Gerechtigkeit Gottes. Du bist ein Erbe Gottes und Miterbe Christi (Römer 8:17). Du herrschst wie ein König im Leben, weil du den Überfluss der Gnade und der Gabe der Gerechtigkeit empfangen hast (Römer 5:17). Wenn du **in Christus** an Bord gehst, steht der ganze Himmel in Achtungsstellung. Die Segnungen des Himmels gehören dir, wenn du **in Ihm** bist. Die Vollmacht des Himmels gehört dir in Seinem Namen. Gott ist dein wirklicher Vater und du bist Sein wirkliches Kind.

Die Segnungen und Vorrechte der Gerechtigkeit werden im Alten und im Neuen Testament immer wieder beschrieben. **In Ihm** bist du zur Gerechtigkeit Gottes geworden. Wenn du diese Gerechtigkeit verstehst, wird dies auf jeden Bereich deines Lebens einen gewaltigen Einfluss haben, dein Gebetsleben eingeschlossen. **„Das ernsthafte, innige Gebet eines Gerechten macht gewaltige Kräfte verfügbar, die eine dynamische Auswirkung haben“** (Jakobus 5:16, *The Amplified Bible*)

Smith Wigglesworth hat einmal gesagt: „Du musst verstehen, wie wunderbar du in Gott bist und wie hilflos du in dir selbst bist.“ Du musst dich selbst **in Christus** sehen. Ohne Ihn kannst du nichts tun. Jesus sagte: **„Wenn ihr in mir bleibt und meine Worte in euch bleiben, so werdet ihr bitten, was ihr wollt, und es wird euch geschehen“** (Johannes 15:7). Du hast eine gewaltige Kraft, die dir im Gebet zur Verfügung steht, wenn du **in Christus** bleibst und Seine Worte in dir bleiben.

Freiheit von Schuld und Sündenbewusstsein

Gott möchte nicht, dass Seine Kinder in einem andauernden Bewusstsein von Sünde, Versagen, Niederlage, Schwachheit, Schuld und Minderwertigkeit leben. Als Vater von zwei Kindern weiß ich, dass ich nicht will, dass meine Kinder so leben. Gott ist dein himmlischer Vater und Er wird verherrlicht, wenn du Sein Leben, Seine Freude und Seinen Sieg widerspiegelst. Das heißt nicht, dass du keine Herausforderungen haben wirst. Du lebst in einer Welt, die voller Not ist, aber du bist ein Überwinder, weil du aus Gott geboren bist (1. Johannes 5:4). Anstelle eines Sünden- oder Schuldbewusstseins solltest du ein Bewusstsein der Gerechtigkeit und des Triumphs haben.

Der Apostel Paulus sagte: **„Gott aber sei Dank, der dafür sorgt, dass wir allezeit im Triumphzug einhergehen in Christus und der den Duft seiner Erkenntnis an jedem Ort durch uns offenbart“** (2. Korinther 2:14, *KJV*). Dein Ort des Sieges ist in Christus. Beachte, dass Paulus „an jedem Ort“ gesagt hat! Der Duft ist der Geruch des Sieges. Paulus war an sehr schwierigen Orten, aber er sagte: „Ich rieche immer noch nach dem Sieg Jesu.“ Paulus erlitt Schiffbruch, wurde von einer Schlange gebissen, auf den Kopf geschlagen und für tot erklärt, dennoch sagte er: „In Christus bin ich mehr als ein Überwinder!“ (Römer 8:37). Nach allem duftete er immer noch wie eine Rose des Sieges, des Sieges über die Welt, das Fleisch und den Teufel. Paulus sah sich selbst in Christus.

Manche Leute haben wirklich Schweres durchgemacht und am Ende haben sie den Geruch dieser schlechten Erfahrung angenommen. Gott möchte aber, dass der einzige Duft, der dir bildlich gesprochen anhaftet, der Sieg Christi ist. Das bedeutet, dass du in dem Bewusstsein und mit dem Bekenntnis dessen leben musst, wer du in Christus bist.

Der Duft des Sieges

Vor einigen Jahren entschloss ich mich während unseres Familienurlaubs durch einen Wildtierpark in Oklahoma zu fahren. Wir hatten einige Tüten mit Futter gekauft, das wir den verschiedenen Tieren während unserer Durchfahrt geben konnten. Meine Tochter Alicia saß auf dem Beifahrersitz. Meine Frau Trina und mein Sohn Aaron saßen auf dem Rücksitz.

Zuerst sahen wir ausschließlich Hirsche, also fütterten wir die Hirsche, und sie waren sehr niedlich und liebenswert. Dann näherte sich auf Alicias Wagenseite ein Lama. Das Lama erschreckte sie so sehr, dass sie sogleich den elektrischen Fensterheber betätigte.

Ich lachte und sagte: „Ich habe keine Angst vor einem Lama.“ Das Lama muss mich gehört haben, denn es kam sogleich auf meine Wagenseite. Ich fing an, das Tier zu füttern. Plötzlich drängte es seinen ganzen Kopf durchs Fenster und fing an, mit seinem Kopf auf meinem Schoß weiter aus der Tüte zu fressen.

Alicia und ich lachten ein wenig nervös. Das Lama zog seinen Kopf zurück und nieste dabei in mein Auto hinein! Lamaspucke und Rotz und anderes Schleimzeug verteilten sich auf der Mittelkonsole und auf unserer Kleidung. Das Zeug war eklig und hatte einen schrecklichen Geruch. Ich schlug das Lama sofort an den Kopf, damit es ihn aus unserem Wagen zog, und ließ das Fenster hochfahren, aber der Schaden war bereits geschehen.

Wir verließen den Park und suchten das nächste Einkaufszentrum, um etwas zu kaufen, womit wir die Sauerei beseitigen konnten. Den Schleim konnten wir zwar schließlich entfernen, aber der Geruch war nicht so leicht loszuwerden. Während unseres ganzen Urlaubs konnten wir jedes Mal, wenn wir in unser Auto stiegen, den Geruch des Lamaschleims riechen. Der Geruch blieb monatelang in unserem Wagen, bis wir ihn schließlich entfernt hatten. Das Lama war längst vergessen, aber der Geruch war geblieben!

Sünde und Satan sind genauso. Wenn der Teufel seinen Kopf in dein Leben gesteckt hat, dann geht er nicht wieder, ohne dich angeniest und eine Sauerei hinterlassen zu haben. Jesus hat Sein Blut vergossen, ist gestorben und von den Toten auferstanden, damit alles rückgängig gemacht werden kann, was der Teufel angerichtet hat. Gott möchte nicht nur, dass er seinen Kopf zurückziehen muss, Er putzt nicht nur den ekligen Schleim weg, sondern Er möchte auch, dass du den Geruch der Vergangenheit los wirst. Gott möchte nicht, dass du nach Sünde, Versagen, Schuld und Schmach riechst.

Gott möchte, dass du in jeder Situation das Blut Jesu in Anspruch nimmst und nach dem Sieg Jesu riechst. In Christus hast du ein Bewusstsein von Gerechtigkeit und Sieg. Du kannst die Vergangenheit vergessen und heute und in Zukunft der hohen Berufung Gottes nachjagen (Philipper 3:13,14). Wenn du gesündigt hast, heißt es in 1. Johannes 1:7: **„Wenn wir aber im Licht wandeln, wie er im Licht ist, haben wir Gemeinschaft miteinander, und das Blut Jesu, seines Sohnes, reinigt uns von jeder Sünde.“** In 1. Johannes 1:9 lesen wir: **„Wenn wir**

unsere Sünden bekennen, ist er treu und gerecht, dass er uns die Sünden vergibt und uns reinigt von jeder Ungerechtigkeit.“ Dank sei Gott für das Blut Jesu und deine Position in Christus Jesus! **„In ihm haben wir Freimütigkeit und Zugang in Zuversicht durch den Glauben an ihn“** (Epheser 3:12).

Gott hätte keine neue Schöpfung machen können, die nicht gerecht gewesen wäre. Er hatte ja bereits eine ungerechte alte Schöpfung. Als Neue Schöpfung IN CHRISTUS bist du zur Gerechtigkeit Gottes IN IHM geworden.

Mark Hankins

2. Korinther 5:21 (Blackwelder)

... an unserer Stelle hat Gott ihn mit allem, was Sünde heißt, eins werden lassen, damit wir, im Vertrauen auf ihn, Empfänger der göttlichen Art der Gerechtigkeit würden.

Kapitel 6

Deine Identifikation mit Christus

„... und nicht mehr lebe ich, sondern Christus lebt in mir; was ich aber jetzt im Fleisch lebe, lebe ich im Glauben, und zwar im Glauben an den Sohn Gottes, der mich geliebt und sich selbst für mich hingegeben hat“ (Galater 2:20). In diesem Vers wird das stellvertretende Werk Christi und Seine Liebe zu dir offenbart. Das Konzept des christlichen Glaubens, das Paulus vermittelt, basiert auf Stellvertretung – was Christus für dich getan hat – und auf Identifikation – Jesus trat an deine Stelle und starb deinen Tod, damit du leben kannst. Alles, was Jesus getan hat, tat Er für dich. Es wird deinem Konto gutgeschrieben, als ob du es selbst getan hättest. Jesus gab sich selbst für dich; Er starb an deiner Stelle. Verstehst du jetzt, wie Gott deine Identität verändert?

Ein Veränderung der Identität

Paulus spricht hier nicht von einem geistlichen Zustand, den er erreicht hat. Er spricht viel mehr davon, was am Kreuz im Tod, in der Grablegung und Auferstehung Christi geschehen ist – was in dem Augenblick geschah, als er Jesus als seinen Herrn und Erretter annahm. Paulus spricht über eine Veränderung der Identität. Sobald du Jesus aufgenommen hast – nicht erst dreißig Jahre später – kannst du sagen: **„Ich bin mit Christus gekreuzigt, und nicht mehr lebe ich, sondern Christus lebt in mir“** (Galater 2:19b,20a). Oder: **„Ich bin mit Christus gekreuzigt worden“**, wie es verschiedene andere Übersetzungen wiedergeben. Die *Noli* Übersetzung liest: **„Ich bin mit Christus gekreuzigt worden. Nicht mehr mein altes Selbst, sondern Christus höchstpersönlich lebt in mir.“**

Mit Christus gekreuzigt zu sein bedeutet, dass das alte Selbst, der alte Mensch, der du einmal warst, ein für allemal verschwunden ist und Christus selbst jetzt in dir lebt! Er hat den Teufel, die Welt und das Fleisch überwunden. Er ist siegreich!

Du kannst das auf der intellektuellen Ebene verstehen und sagen: „Ich frage mich, was er damit sagen will?" Wenn du zuviel darüber nachdenkst, wirst du es nie verstehen. Nimm es einfach für bare Münze und bekenne: „Dies ist Gottes Offenbarung des Christentums. Es geht darum, wer ich bin und was ich habe. Ich bin mit Christus gekreuzigt worden. Jetzt lebt Christus selbst in mir." Hallelujah!

„Ich starb, als Christus am Kreuz starb. Jetzt lebe nicht mehr ich, sondern Christus lebt in mir" (Galater 2:20, *Cressman*). **„Ich bin mit Christus gekreuzigt worden und lebe jetzt nicht mehr mit meinem eigenen Leben, sondern mit dem Leben Christi, der in mir lebt. Das Leben, das ich jetzt in diesem Leib lebe, lebe ich im Glauben – Glauben an den Sohn Gottes, der mich geliebt und sich selbst für mich geopfert hat"** (*Jerusalem*).

Vor kurzem, nachdem ich eine Lektion über Identifikation mit Christus gelehrt hatte, kam jemand auf mich zu und sagte: „Pastor, alle Predigten, die ich jemals über die Geschehnisse am Kreuz gehört habe, verglichen uns als Gläubige immer mit den Menschen, die damals anwesend waren – den römischen Soldaten, Maria, der Mutter Jesu, den Jüngern oder jemandem in der Menge, der rief: ‚Kreuzigt ihn!'. Niemand hat uns jemals gesagt, dass Jesus mit uns eins geworden ist und wir darum mit Ihm eins geworden sind."

Die *Laubach* Übersetzung von Galater 2:20 gefällt mir am besten: **„Christus nahm mich mit sich ans Kreuz und ich starb dort mit ihm."** Das heißt, dass du mit Ihm zusammen gekreuzigt worden bist, als Er gekreuzigt wurde. Dieser Aspekt deiner Erlösung ist wohl der herausragendste. Wenn du mit Ihm gestorben bist, dann gilt das, was Paulus sagt: **„Wir wurden mit Ihm lebendig gemacht, auferweckt und versetzt"** (Epheser 2:4-6).

Warst du dabei?

In einem alten Lied heißt es: „Warst du dabei, als sie meinen Herrn ans Kreuz schlugen? Warst du dabei, als sie Ihn ins Grab legten? Warst du dabei, als Er aus dem Grab erstand? Ich erschaudere bei dem Gedanken ...“ Ich erinnere mich, dass ich immer, wenn ich dieses Lied als Kind hörte, gedacht habe: „Natürlich war ich nicht dabei, das geschah schließlich vor zweitausend Jahren.“ Ich wusste noch nichts von der Offenbarung des Paulus. Ich verstand noch nicht, was „im Geist“ geschah oder was Gott in den Ereignissen des Sterbens, der Grablegung und Auferstehung Christi geschehen sah.

Der Heilige Geist sagt durch den Apostel Paulus, dass wir beim Tod, bei der Grablegung, bei der Auferstehung, im Sieg und dem sich-niedersetzen Jesu Christi mit eingeschlossen sind. Am Kreuz und in der Auferstehung geschah weit mehr, als das natürliche Auge sehen kann. Das Evangelium ist ein Gruppenbild. Jesus nahm dich in Seinem Tod, Seiner Grablegung und Auferstehung mit sich – das ist die Sichtweise, die uns das „geistliche Röntgenbild“ vermittelt. Das ist es, was Gott sah. Wenn du diese Ereignisse mit Gottes Augen betrachtest, dann kann es sein, dass du dabei erschauderst. Die Kraft und die Herrlichkeit Gottes gehören dir in Christus.

Das Evangelium ist ein Gruppenbild

Die erste Person, die du auf einem Gruppenbild suchst, bist du selbst. Weil das Evangelium einem Gruppenbild gleicht, solltest du dich selbst darin suchen und dich durch den Glauben im Tod, in der Grablegung und in der Auferstehung Christi wiederfinden. Am Kreuz siehst du nicht sehr gut aus, aber in der Auferstehung siehst du großartig aus, weil du **in Christus** bist.

Dein Einssein mit Christus wird aktiviert, wenn du ein übereinstimmendes Bekenntnis des Glaubens davon aussprichst, wer du IN CHRISTUS bist.

Mark Hankins

Galater 2:20 (KJV)

Ich bin mit Christus gekreuzigt: Darum lebe nicht mehr ich, sondern Christus lebt in mir; und das Leben, das ich jetzt im Fleisch lebe, lebe ich durch den Sohn Gottes, der mich geliebt und sich selbst für mich gegeben hat.

Was am Kreuz geschah

Manchmal haben sogar Theologen und Historiker mit Schriftstellen zu kämpfen, die von unserem Einswerden mit Christus sprechen. Sie sagen: „Der Apostel Paulus war ein bisschen verrückt, wenn er sagt, dass er mit Christus gekreuzigt worden ist. Wir wissen, dass Paulus gar nicht mit Christus gekreuzigt worden sein kann, weil er nicht einmal in Jerusalem war, als Jesus gekreuzigt wurde. Wie könnte er also mit Christus gekreuzigt worden sein? Jesus befand sich am mittleren Kreuz. Ein Dieb hing auf der einen Seite und ein Verbrecher auf der anderen. Wie kann Paulus also sagen, dass *er* mit Christus gekreuzigt worden ist?" Eine solche Argumentation ist lächerlich; Paulus spricht vom Standpunkt der Offenbarungserkenntnis, er sagt uns, was im Geist geschah, als Jesus gekreuzigt, begraben und auferweckt worden ist.

Man kann die Geschehnisse am Kreuz in einer sehr gefühlsbetonten Art und Weise zu verstehen suchen; allerdings wird das keine Veränderung in der Identität einer Person bewirken. Manche Leute zum Beispiel bekommen zwar eine Gänsehaut, wenn sie ein Schauspiel der Kreuzigung und Auferstehung sehen, aber nach drei Tagen stehen sie wieder an der Bar und betrinken sich. Wenn keine Veränderung der Identität einer Person geschieht, wird sie schnell wieder in das Leben der Sünde zurückkehren.

Wenn du deiner alten, sündigen Natur wirklich an die Wurzel gehen und eine Veränderung deiner Identität erreichen willst, dann brauchst du Offenbarungserkenntnis über die geistlichen Geschehnisse, die im Tod, in der Grablegung und Auferstehung Christi stattgefunden haben; eine gefühlsbetonte oder zeremonielle Art der Betrachtung reicht dafür nicht aus. Manche Menschen glauben zum Beispiel, dass ein unschuldiger Mensch am Kreuz starb, aber das ist nicht die Schau des Kreuzes, die der Wirklichkeit entspricht. Jesus war unschuldig. Er kannte keine Sünde und Er wurde für uns zur Sünde gemacht. Es sind nicht die römischen Soldaten, die Ihn gekreuzigt haben, denn Jesus sagte: **„Darum liebt mich der Vater, weil ich mein Leben lasse, um es wiederzunehmen. Niemand nimmt es von mir, sondern ich lasse es von mir selbst“** (Johannes 10:17,18).

Jesus nahm uns mit sich

Du fragst dich vielleicht: „Was hat Jesus dann ans Kreuz gebracht?“ Es waren nicht die römischen Soldaten. Es waren auch nicht die Juden. Was Jesus wirklich ans Kreuz gebracht hat, war die Notwendigkeit, dich und mich dorthin zu bringen! Mit anderen Worten: Es war von Anfang an so geplant. Jesus musste für uns zur Sünde gemacht werden. Er nahm unsere Sünde auf sich. Wir starben dort mit Ihm! Ärgere dich nicht über eine bestimmte Gruppe von Menschen, als ob sie Jesus ans Kreuz gebracht hätten. Ärgere dich lieber über die Sünde und den Teufel und erkenne, was Gott für dich im Tod, in der Grablegung und Auferstehung Jesu getan hat.

Du brauchst nicht mehr KRAFT;
du brauchst mehr
EVANGELIUM.

Das EVANGELIUM CHRISTI
ist die KRAFT GOTTES.

Dieselbe Kraft, die in den wirklichen Ereignissen des Todes, der Grablegung und Auferstehung gewirkt hat, ist auch in der Botschaft des Evangeliums anwesend.

Mark Hankins

Römer 1:16 (KJV)

Denn ich schäme mich des
Evangeliums Christi nicht:
Ist es doch die Kraft Gottes zur
Errettung einem jeden, der glaubt;
dem Juden zuerst, und auch
dem Griechen.

Kapitel 7

Sinneserkenntnis oder Offenbarungserkenntnis

Es gibt zwei Arten von Erkenntnis: Sinneserkenntnis und Offenbarungserkenntnis. Sinneserkenntnis bezieht sich auf das, was man durch die fünf Sinne erlernen kann. Offenbarungserkenntnis kommt aus dem Wort Gottes durch den Heiligen Geist.

Offenbarungserkenntnis

Ein Beispiel für Offenbarungserkenntnis findet sich in Matthäus 16. Jesus fragte Seine Jünger: **„Was sagen die Menschen, wer der Sohn des Menschen ist?"** (Vers 13). Die Jünger antworteten: **„Einige: Johannes der Täufer; andere aber: Elia; und andere wieder: Jeremia oder einer der Propheten"** (Vers 14). Dann fragte Jesus: **„Ihr aber, was sagt ihr, wer ich bin?"** (Vers 15). Simon Petrus ergriff das Wort und sprach durch Offenbarungserkenntnis: **„Du bist der Christus, der Sohn des lebendigen Gottes"** (Vers 16).

Darauf sagte Jesus zu Simon Petrus: **„Fleisch und Blut haben es dir nicht geoffenbart, sondern mein Vater, der in den Himmeln ist"** (Vers 17). Mit anderen Worten sagte Jesus: „Diese Wahrheit hast du nicht durch deine fünf Sinne erkannt, du hast sie durch Offenbarungserkenntnis empfangen." Aus diesem Grund betet Paulus in Epheser 1, dass Gott **„euch gebe den Geist der Weisheit und Offenbarung in der Erkenntnis seiner selbst"** (Vers 17). Paulus meint hier nicht nur, dass man mehr über Gott erfahren und wissen kann.

Durch den Heiligen Geist offenbart

Offenbarungserkenntnis kommt, wenn die Augen deines Geistes geöffnet werden; wenn der Heilige Geist die Dinge Christi übermittelt. Gott ist ein Geist, und Seine Wahrheiten werden mittels deines Geistes übermittelt. Der Heilige Geist übermittelt die Dinge Christi an dich. Du siehst etwas, das im natürlichen Bereich sonst niemand sehen kann. Du siehst, dass Gott etwas getan hat, das man nicht im eigentlichen Sinn als natürlich bezeichnen kann. Als Jesus am Kreuz starb, nahm Er jeden Menschen mit in sich hinein. Er starb unseren Tod. Wenn man sich in diesen Dingen auf die Erkenntnis des Verstandes stützt, wird das Wort Gottes Seine Wirksamkeit und Seine Kraft verlieren.

Als Jesus gekreuzigt wurde, war Paulus nicht einmal in der Nähe, dennoch sagt er: **„Christus nahm mich mit sich ans Kreuz und ich starb dort mit ihm“** (Galater 2:20, *Laubach*). Woher hatte er diese Information? Er muss sie bekommen haben, als er in der Wüste von Arabien war, in der Zeit, als Jesus kam und ihm offenbarte, was in Seinem Tod und Seiner Auferstehung geschehen ist. Was er dort erfahren hat, war Offenbarungserkenntnis oder Erkenntnis, die durch den Heiligen Geist offenbart wurde.

Neues Verständnis

Offenbarungserkenntnis eröffnet dir das Wort Gottes. Durch Offenbarungserkenntnis über die Bedeutung von Galater 2:20 wirst du folgende Tatsache verstehen: „Ich habe eine neue Identität. Es ist nicht mehr ich, der lebt, sondern Christus lebt in mir.“ Die Übersetzung von *Arthur S. Way* liest: **„Ja, ich habe Anteil an der Kreuzigung des Messias. Ich lebe zwar noch, aber es ist nicht ich, der lebt, es ist der Messias, dessen Leben in mir ist ...“** Die *Distilled Bible* sagt: **„Ich halte mich**

selbst für gestorben und erfreue mich jetzt einer zweiten Existenz, das heißt ganz einfach: Jesus gebraucht meinen Leib.“

Glaubst du, dass Paulus mit Christus gekreuzigt war? Er sagte, dass es so sei. Er sagt es aber nicht nur in Bezug auf sich selbst, sondern er spricht davon, was im Tod und in der Auferstehung Christi geschah, denn Jesus Christus ist dort zu deinem Stellvertreter geworden. Alles, was Er getan hat, geschah, damit es deinem Konto gutgeschrieben werden konnte.

Der Mittelpunkt des Evangeliums

Es ist wichtig, dass du dein Einswerden mit Christus in Seiner Kreuzigung und Auferstehung verstehst, denn diese Ereignisse bilden den Mittelpunkt des Evangeliums. In vielen Gemeinden wirst du auch über einen Zeitraum von zehn Jahren keine Predigt über diese Dinge hören. Man bemüht sich krampfhaft darum, die Probleme der Leute zu lösen; man will ihnen beibringen, wie sie einen Nervenzusammenbruch vermeiden können; man lehrt sie, wie sie ihren Ehepartner lieben können, wie man seine Kinder erzieht, wie man seine Heilung empfängt, wic man Versorgung empfängt ...

In manchen Gemeinden wird man wie ein Außerirdischer angestarrt, wenn man über unser Einswerden mit Christus predigt. Die Leute sagen: „Du verstehst mich nicht. Ich versuche die Raten für meinen Kühlschrank abzuzahlen, ich habe Schmerzen im Kreuz und ich habe Probleme mit meinen Kindern. Ich brauche einen neuen Teppich für mein Wohnzimmer, ich habe mit Problemen in meinem Gefühlsleben und leide unter Stresssymptomen, und du redest von ‚Einswerden mit Christus’. Ich glaube kaum, dass das die Lösung des Problems sein kann.“ Dabei ist das Verständnis ihrer Identität **in Christus** genau das, was diese Leute brauchen!

Deine Identität mit Christus

Das Maß, in dem sich Christus in dir manifestieren kann, steht im Verhältnis zur Erkenntnis des Wortes – ich meine Offenbarungserkenntnis – und dem Einsatz an Glauben, den du damit verbindest. Außerdem ist es abhängig von deiner Hingabe an den Heiligen Geist, denn der Heilige Geist ist es, der Christus offenbart, das ist Seine Aufgabe. Je mehr Wort du in dich aufnimmst, desto mehr wird sich Christus durch dein Leben manifestieren.

Du kannst jeden Tag bekennen: „Ich bin mit Christus gekreuzigt worden. Es ist nicht mehr mein altes Ich, das lebt, sondern Christus selbst lebt in mir. Das Leben, das ich in diesem Leib führe, lebe ich im Glauben an den Sohn Gottes, der mich geliebt und sich selbst für mich hingegeben hat."

Warum ist ein Mensch IN CHRISTUS etwas, das nie vorher existiert hat? Weil Jesus in Seinem Tod, Seiner Grablegung und Auferstehung etwas getan hat, was nie vorher getan worden ist!

Mark Hankins

2. Korinther 5:17 (Deane)

... und ein echter Christ ist nicht nur ein veränderter Mensch, sondern ein neugeschaffener Mensch ...

Kapitel 8

Wie Gott die Identität eines Menschen verändert

Paulus hatte eine derart radikale Veränderung seiner Identität erfahren, dass er sagte: „Ich selbst lebe nicht einmal mehr." Das ist eine ziemlich gewaltige Veränderung! Manche Leute versuchen Gott dabei zu helfen, mit ihren Problemen fertig zu werden. Doch Er sagt: „Weil du mein Kind bist und ich in dir lebe, solltest du mich deine Probleme lösen lassen."

Eine völlig neue Identität

Jemand hat einmal gesagt: „Die Kraft Gottes hat Saulus von Tarsus auf dem Weg nach Damaskus so schwer getroffen, dass das ‚S' von seinem Namen durch ein ‚P' ersetzt wurde, darum hieß er schließlich Paulus." Sein Name veränderte sich, seine Identität veränderte sich und sein Wesen veränderte sich.

Paulus war ein Pharisäer, ein sehr religiöser Mensch, und er empfing eine starke Offenbarung Jesu Christi. Als er vom Licht Gottes getroffen wurde, war er anschließend drei Tage lang blind. Während dieser Zeit fastete und betete er.

Ich glaube, dass man im Augenblick der Neuen Geburt in Ihm zu einer Neuen Schöpfung wird. Es kann eine Zeit dauern, während der man sich im Wort ernährt, bis man sagen kann: „Ich bin nicht mehr die selbe Person. Ich habe eine völlig neue Identität."

Wenn du ein Verbrechen begangen hast und die Leute vom CIA dich festnehmen und dir eine neue Identität geben wollen, um dich zu schützen, dann ändern sie deine Adresse, deine Sozialversicherungsnummer und sämtliche Einträge über unbezahlte Rechnungen. Sie löschen deine Vergangenheit völlig aus, um dich zu schützen.

Als du von neuem geboren wurdest, hat Gott deine alte Identität ausgelöscht. Er hat deine Vergangenheit ausgelöscht. Jede Sünde, jeder Anspruch, den der Teufel gegen dich geltend machen könnte – alles ist ausgelöscht worden. Wenn du einmal in Christus „verloren“ bist, dann hat der Teufel keine Chance mehr, dich zu finden! Hallelujah!

In Kolosser 3:3 heißt es: **„Denn ihr seid gestorben, und euer Leben ist verborgen mit dem Christus in Gott.“** Der Teufel kann dich nicht mehr auffinden, es sei denn, du streckst deinen fleischlichen Kopf heraus und sagst: „Hallo, hier bin ich!“ Gib dir selbst eine Ohrfeige und zieh deinen Kopf zurück, Mensch!

Du möchtest mit mir über meine Vergangenheit, meine Gefühle, meine Niederlagen reden? Gott sagt: „Darüber möchte ich nicht reden. Du bist gestorben und dein Leben ist mit Christus in mir verborgen. Streck deinen Kopf nicht heraus. Du hast jetzt eine neue Identität.“

Ein neues Leben in Christus

Gott hat dein Leben in Christus schon vorbereitet, bevor du die Errettung überhaupt angenommen hattest, aber diese neue Identität kam erst ans Licht, als du deinen Glauben auf Ihn gerichtet hast und von neuem geboren worden bist. Du bist an dem Tag, an dem du die Errettung angenommen hast, zu einer neuen Schöpfung in Christus Jesus geworden, allerdings wird diese Tatsache erst dann zu einer erfahrbaren Wirklichkeit für dich, wenn du im Licht des Wortes lebst. Du musst dich vom Wort ernähren, es in dich einpflanzen, Offenbarungserkenntnis aus dem Wort empfangen und dir vom Heiligen Geist helfen lassen, deine neue Identität zu sehen – wer du in Christus bist und was du in Ihm hast. **„Darum, wenn jemand in Einheit mit Christus ist, so ist er ein neues Wesen! Sein altes Leben ist vergangen; ein neues Leben hat begonnen!“** (2. Korinther 5:17, *20th C.R.*).

Von der Kinderlosigkeit zur Vaterschaft

Eine der eindrücklichsten Geschichten über eine Veränderung der Identität findet sich im großartigsten Buch, das je geschrieben wurde, der Bibel. Diese Geschichte berichtet, wie Gott Abram und Sarai erschien. Zusammengefasst sagt Gott dort: „Ich verändere eure Identität und ich ändere eure Namen. Man wird dich hinfort nicht mehr Abram nennen. Du bist Abraham, was ‚Vater einer Menge' bedeutet. Und Sarai, ich ändere deinen Namen in Sarah, was ‚Prinzessin' bedeutet."

Ich glaube, dass Abraham und Sarah jedes Mal, wenn sie einander bei ihrem neuen Namen riefen, das bekräftigten, was Gott über ihre neue Identität gesagt hatte. Dennoch, Abraham, der „Vater einer Menge", hatte zu diesem Zeitpunkt seines Lebens noch keine Kinder.

Dies ist ein Paradebeispiel für die Vorgehensweise Gottes. Wenn er dich dazu bringen kann, mit Ihm überein zu stimmen, die Offenbarungserkenntnis als Maßstab zu nehmen, dann wird Sein Wort nicht leer zu Ihm zurückkehren. Es wird bewirken, was Ihm gefällt, und ausführen, wozu Er es gesandt hat (Jesaja 55:11). Mit anderen Worten, das Wort hat die Kraft, das hervorzubringen, was es sagt, wenn Gott dich dazu bringen kann, mit Seinen Aussagen überein zu stimmen.

Abraham wurde zum Vater vieler Völker und auch zum Vater unseres Glaubens. Gott veränderte seine Identität völlig. Man hätte ihn Jahre später nicht als den Mann wiedererkannt, der auf Anweisung Gottes hin aus Ur in Chaldäa ausgezogen war.

Vom Landjungen zum Propheten

Gott ist ein Spezialist in Sachen Identitätsveränderung. Eine meiner Lieblingsgeschichten in diesem Zusammenhang ist die von Saulus in 1. Samuel, Kapitel 9 und 10. Saulus war gerade dabei, die Esel seines Vaters zu suchen, als er dem Propheten Samuel begegnete. Samuel sagte zu ihm: **„Geh vor mir auf die**

Höhe hinauf, denn ihr sollt heute mit mir essen, und morgen früh werde ich dich ziehen lassen! Und alles, was du auf dem Herzen hast, werde ich dir kundtun" (1. Samuel 9:19).

Der Prophet sagte zu Saul: **„...du wirst einer Schar von Propheten begegnen ... Und der Geist des HERRN wird über dich kommen, und du wirst mit ihnen weissagen und wirst in einen anderen Menschen umgewandelt werden"** (1. Samuel 10:5,6). Der Prophet Samuel sagte in etwa: „Saul, du bist ein Junge vom Land, aber der Heilige Geist wird auf dich kommen und du wirst in einen anderen Menschen verwandelt werden." Saul empfing eine völlig neue Identität.

Dein Wert in Christus

Wie konnte dies geschehen? Er schloss sich nicht irgendwelchen Selbsthilfe- und Unterstützungsgruppen an, um so eine neue Identität finden zu können. Er konsultierte keinen Psychologen und er rief auch nicht die Hotline einer Hellsehervereinigung an! Wenn dies der Fall gewesen wäre, hätte ich zu ihm gesagt: „Saul, du hast es ganz schön vermasselt. Du hast die Tür für Dämonen geöffnet und versuchst im Fleisch etwas zu bewirken, was nur der Geist bewirken kann." Du kannst eine völlig neue Identität bekommen, wenn du verstehst, was Gott über dich gesagt hat und wenn du verstehst, was Gott dir gegeben hat. Dein Selbstwertgefühl wird förmlich das Dach vom Haus heben! Dann kannst du sagen: „Ehre sei Gott! Schau dir an, was Gott über mich gesagt hat. Schau dir den Wert an, den Gott mir in Christus gegeben hat."

Der Teufel will deine Würde und deinen Selbstwert zerstören, aber wenn du deinen Wert in dem siehst, was Gott für dich im Tod und in der Auferstehung Christi getan hat, dann wirst du dein Haupt erheben und vergessen, was dahinten liegt. Du wirst sagen: „Der alte Mensch, der diese alten Dinge getan hat, der in dieser alten Weise handelte und dachte, ist gestorben." Ehre sei Gott!

Von innen heraus verändert

Gott kann dir eine neue Identität geben. Er hat dich geschaffen, also sollte Er auch in der Lage sein, dich zu erneuern. Er ist der Hersteller! Wir reden nicht von jemandem, der nur Reparaturen macht. Wir sprechen von demjenigen, der Menschen erschafft. Gott erschafft Menschen aus dem Nichts! Keinem Wissenschaftler ist es jemals gelungen, Menschen zu erschaffen. Der natürliche Mensch kann Häuser, Toaster und Farbfernseher herstellen, aber er kann keine Menschen erschaffen! Gott ist Schöpfer. Er ist der Menschenfreund von Anfang an. Er hat sich darauf spezialisiert, Menschen zu erneuern und ihnen eine brandneue Identität zu verleihen. Der Geist Gottes sprach durch Jeremia: **„Mache dich auf und geh in das Haus des Töpfers hinab, und dort werde ich dich mein Wort hören lassen! Und ich ging in das Haus des Töpfers hinab, und siehe, er war gerade mit einer Arbeit auf der Scheibe beschäftigt. Und das Gefäß, das er aus dem Ton machte, missriet in der Hand des Töpfers. Und er machte wieder ein anderes Gefäß daraus, wie es in den Augen des Töpfers recht war zu tun“** (Jeremia 18:2-4).

Gott sagte Jeremia mit anderen Worten: „Geh zum Haus des Töpfers hinab, und ich werde dir zeigen, dass Menschen, die Schäden und Fehlerhaftes in ihrem Leben haben, von mir erneuert werden können.“ Gott versteht sich darauf, die Identität von Menschen zu verändern. Er tut es von innen heraus. Wenn du von neuem geboren bist, dann ist dein Geist neu geschaffen worden. Dann baut Er von innen her auf – verändert deinen Sinn, indem Er ihn erneuert, gibt deinem Denken eine neue Grundlage, verändert deine Einstellung, und schließlich verändert Er sogar deinen Leib und deine Handlungen. **„Denn Gott ist es, der in euch wirkt sowohl das Wollen als auch das Wirken zu seinem Wohlgefallen“** (Philipper 2:13).

Vom Feigling zum tapferen Helden

Ein weiteres, klassisches Beispiel für eine radikale Identitätsveränderung in der Bibel ist Gideon. Er lebte in einem Erdloch und versteckte sich vor dem Feind. Wenn man lange genug in einem Erdloch gelebt hat, wird man eine gewisse Lebensphilosophie entwickeln. Wenn du nicht dieser Meinung bist, dann frag mal jemanden, der auf der Straße lebt. Wenn du dich lange genug mit der Person unterhältst, wirst du feststellen, dass solche Leute nicht nur äußerlich auf der Straße leben, sondern auch innerlich, in ihrem Denken und ihrer Einstellung obdachlos sind.

Als Jesus kam, um den Armen gute Botschaft zu predigen, verteilte Er nicht nur ein paar Fischsandwichs! Er lehrte sie über die Wege und Gedanken Gottes. Er lehrte sie, dass sie nicht länger arm, krank oder in der Niederlage zu leben bräuchten. Jesus ist noch immer dabei, die Identität von Menschen zu verändern!

Jedes Mal, wenn Gideon versuchte, etwas zustande zu bringen, kamen die Midianiter und zerstörten es. Mitten in seinem Erdlochdasein sandte Gott einen Engel mit folgender Botschaft an Gideon: **„Der HERR ist mit dir, du tapferer Held!“** (Richter 6:12). Gott hat Sinn für Humor, denn zu diesem Zeitpunkt gab es keinerlei Anzeichen für Heldenmut in Gideons Leben!

Aber Sein Wort ist alles, was du brauchst. Römer 4:17 sagt: **„... der die Toten lebendig macht und das Nichtseiende ruft, wie wenn es da wäre.“** Gottes Wort sorgt dafür, dass aus „nichts“ „etwas“ wird.

„Du tapferer Held!“ Gideon kaute an diesem Wort Gottes herum, bis er es schließlich schluckte. Danach schlug er mit seiner Dreihundert-Mann-Armee mit Trompeten, Wasserkrügen, Lampen und einem Schrei „des Schwertes des Herrn“ den Feind (Richter 7:20-22). Jedes Mal, wenn du dich auf Gott und Sein Wort einlässt, wird Er die Art und Weise, wie du dich selbst siehst und deine Sichtweise des Lebens völlig verändern. Das Wort Gottes verändert alles.

Mein Name ist Felsen

Wir haben es schon vorhin kurz gestreift; als Simon Petrus Offenbarungserkenntnis über Jesus empfing und Ihn als den Christus, den Sohn des lebendigen Gottes, erkannte (Matthäus 16:16), wandte sich Jesus ihm zu und sagte: „Simon, ich sage dir, wer du bist. Du wirst nicht länger wie eine Welle hin und her geworfen werden. Ich ändere deinen Namen in ‚Felsen'."

Kannst du dir Petrus vorstellen, wie er sich vor den Leuten verteidigte, die seinen neuen Namen nicht anerkennen wollten? Sie sagten: „Deine Mutter hat dich doch Simon genannt." Petrus aber identifizierte sich so völlig mit dem, was Jesus ihm zugesprochen hatte, dass er antworten konnte: „Jesus ist es, der mich benannt hat, und mein Name ist ‚Felsen'!" Jesus hatte die Identität von Petrus verändert.

Lass mich dir sagen, wer ich bin

Es ist wichtig zu wissen, wer man ist, denn der Teufel weiß es, wenn du deine Identität in Christus kennst. In Apostelgeschichte 19 versuchten die sieben Söhne des Skevas den Namen Jesus zu gebrauchen, um böse Geister auszutreiben, allerdings hatten sie keine Beziehung zu Jesus (was ihnen das Recht gegeben hätte, Seinen Namen zu gebrauchen). Ein böser Geist sagte zu ihnen: „Jesus kenne ich, und von Paulus weiß ich. Aber ihr, wer seid ihr?" Weil sie ihre Identität in Christus nicht kannten, sagt die Schrift: „Und der Mensch, in dem der böse Geist war, sprang auf sie los und bezwang sie miteinander und überwältigte sie, so dass sie nackt und verwundet aus jenem Haus entflohen" (Apg. 19:16).

Deine Identität im Wort

Als wiedergeborener, geisterfüllter Teenager kämpfte ich mit meiner eigenen Identität. Während ich in meinem Zimmer die Stelle in Lukas 4 studierte, wo Jesus in die Synagoge kam, um Seine Antrittspredigt zu halten, las ich: **„Und es wurde ihm das Buch des Propheten Jesaja gereicht; und als er das Buch aufgerollt hatte, fand er die Stelle, wo geschrieben war ...“** (Vers 17).

Der Heilige Geist sprach zu mir: „Obwohl Jesus Gott war, legte Er Seine göttliche Kraft ab, als Er ein Mensch wurde, und in Seiner Menschlichkeit musste Er das Wort studieren, um herauszufinden, wer Er war.“ Ich glaube, dass Jesus, als Er zehn, elf, zwölf Jahre alt war, herausfand, wer Er war, weil Er es in den Schriften las. **„Und Jesus nahm zu an Weisheit und Alter und Gunst bei Gott und Menschen“** (Lukas 2:52).

Jesus identifizierte sich mit dem Wort, als Er Jesaja 61:1 las: **„Der Geist des Herrn, HERRN, ist auf mir; denn der HERR hat mich gesalbt. Er hat mich gesandt, den Elenden frohe Botschaft zu bringen, zu verbinden, die gebrochenen Herzens sind, Freilassung auszurufen den Gefangenen und Öffnung des Kerkers den Gebundenen.“**

Auch du wirst deine Identität in demselben Buch finden – der Bibel. Du wirst sie in keinem Psychologiebuch finden oder indem du versuchst, einen Filmstar zu imitieren. Viele Leute, nicht nur Teenager, haben eine Identitätskrise. Sie kämmen ihr Haar wie jemand, den sie im Fernsehen gesehen haben. Sie schauen sich einen Western an und meinen, sie wären John Wayne, oder sie sehen einen Motorradfahrer und denken, sie bräuchten jetzt auch eine Harley-Davidson und ein entsprechendes Kopftuch.

Der Teufel wird alles nur Erdenkliche tun, um dir das Wort zu stehlen, damit du deine neue Identität in Christus nicht verstehst. Er möchte, dass du dich nach natürlichen Gesichtspunkten beurteilst. Er wird dich sogar veranlassen, deinen Familienstammbaum zu studieren, der nichts anderes hervorgebracht hat als einen Haufen tauber Nüsse!

Indem du dich mit deiner Familie identifizierst statt mit Christus, findest du dann eine Entschuldigung und kannst sagen: „Ich bin geschieden, weil meine Mutter, meine Großmutter und meine Urgroßmutter auch geschieden waren. Mein Vater war Alkoholiker, also ist es nur logisch, dass auch ich ein Alkoholiker bin. Das ist eben so in meiner Familie." Du musst dir deine Identität von Gott zeigen lassen. Er weiß, wer du bist. Du bist eine Person, die dazu geschaffen wurde, Seine Herrlichkeit zu reflektieren. Wenn der Teufel dich dazu bringen kann, in deinen Gedanken hin und her zu hüpfen, dann wird er dich völlig besiegen.

Christus lebt in dir

Der Apostel Paulus sagte: „Ich habe nur eine Identität, nämlich alles, was ich in Christus Jesus bin. Ich identifiziere mich mit niemand und nichts anderem. Ich bin mit Christus gekreuzigt worden, dennoch lebe ich; aber nicht ich selbst, sondern Christus lebt in mir."

Fast in jeder psychiatrischen Klinik ist jemand interniert, der meint, er wäre Napoleon. Häufig werden Menschen von Wahrsagegeistern und natürlichen Beziehungen bestimmt, statt dass sie das Wort Gottes nehmen und Gott ihre Identität festigen lassen. Jesus hat deine Identifikation mit Gott ins Leben gerufen, als Er Mensch wurde.

Jesus hat sich mit dir identifiziert, indem Er Mensch wurde, damit Er wissen konnte, wie du fühlst, was du durchmachst, welche Kämpfe du zu bestehen hast. Aber diese Identifikation wurde erst vollständig, als Er ans Kreuz ging, wo Er deinen sündigen Zustand und deinen Fluch auf sich nahm. Jesus brachte die Identifikation des Menschen mit Gott am Kreuz zum Abschluss; Jesus war nicht nur eine Generation lang Mensch und starb schließlich am Kreuz. Er wurde für immer zum Menschen. Er ist auch jetzt noch ein Mensch, der zur rechten Hand Gottes sitzt und eine neue, siegreiche Menschheit repräsentiert.

Wenn du dein Einswerden mit Christus in Seinem Tod, Seiner Grablegung und Auferstehung einmal verstanden hast, dann kommst du von Seinem Tod, Seiner Grablegung und Auferstehung direkt zur Siegesfeier – Christus sitzt zur rechten Hand Gottes. Niemals wieder musst du dich mit Niederlage, Versagen, Depression, Furcht, Krankheit, Armut oder Mangel identifizieren, wenn deine Identifikation mit Christus einmal besiegelt ist. Warum nicht? Weil du nicht länger selbst lebst, sondern Christus lebt in dir!

Es gibt Leute, die nie erfahren, wer ihr irdischer Vater ist. Dennoch müssen sie nicht den Rest ihres Lebens mit einem großen Loch in ihrer Seele verbringen. Sie können ganz einfach sagen: „Ich identifiziere mich mit Christus, und Gott ist mein Vater." Das heißt, du bist nicht mehr dem Untergang geweiht, sondern dem Aufstieg. Zu der Zeit, als ich mir meines Einsseins mit Christus nicht bewusst war, stand ich dauernd in der Gefahr, unterzugehen, aber Gott hat den Tod, die Grablegung und Auferstehung Christi in meinen Geist eingestempelt.

Du bist jetzt eine völlig andere Person als damals, als du im natürlichen Bereich geboren wurdest. Wenn du von neuem geboren bist, hast du einen neuen Vater bekommen, auch wenn deine Eltern Versager waren. Wenn du aus schwierigen Familienverhältnissen kommst, dann bekommst du eine neue, funktionierende Familie – die Familie Gottes. Auch das ist in deinem Einssein mit Christus enthalten.

Bekenne deine Identität in Christus

Lass es niemals zu, dass der Teufel dir deine Vergangenheit vor Augen malen und sagen kann: „Das bist du." Antworte ihm: „Du bist ein alter Lügner. Verschwinde aus meinem Leben. Dieser alte Mensch ist gestorben und existiert nicht mehr. Ich bin mit Christus gekreuzigt; also lebe nicht mehr ich, sondern Christus höchstpersönlich lebt in mir." Fang an, das zu bekennen, was Gottes Wort über deine Identifikation mit Christus sagt. Hier sind einige Beispiele für ein solches Bekenntnis: **In Christus** *Jesus ist mir die Welt gekreuzigt und ich der Welt* (Galater 6:14). *Weil ich mit Christus auferstanden bin, suche ich das, was oben ist. Ich sinne auf die Dinge des Himmels, nicht auf die irdischen Dinge. Mein Leben ist verborgen mit Christus in Gott* (Kolosser 3:1-3). *Ich bin durch die Taufe mit Christus begraben. So wie Christus aus den Toten auferweckt wurde durch die Herrlichkeit des Vaters, so wandle auch ich in Neuheit des Lebens* (Römer 6:4). *Meine alte, sündige Natur ist mit Christus gekreuzigt. Ich diene nicht mehr der Sünde* (Römer 6:6). *Gott, der reich ist an Barmherzigkeit und mich geliebt hat, hat mich mit Christus zusammen lebendig gemacht, mich mitauferweckt und mitsitzen lassen in der Himmelswelt* **in Christus** *Jesus* (Epheser 2:4-6).

Jetzt, da wir ein Fundament gebildet haben und wissen, wer wir in Christus sind, werden wir im nächsten Kapitel auf das Erbe eingehen, das Er uns hinterlassen hat!

IN CHRISTUS findet eine radikale Veränderung statt. Alles ändert sich. Nichts von dem, was du einmal warst, bleibt übrig.

Mark Hankins

2. Korinther 5:17 (Phillips)

... er wird ein ganz und gar neuer Mensch – die Vergangenheit ist vorbei und vergessen, alles ist neu und unverbraucht.

Kapitel 9

Dein Erbe in Christus

„Daher, wenn jemand in Christus ist, so ist er eine neue Schöpfung; das Alte ist vergangen, siehe, Neues ist geworden. Alles aber von Gott, der uns mit sich selbst versöhnt hat durch Christus und uns den Dienst der Versöhnung gegeben hat“ (2. Korinther 5:17,18).

Wenn Paulus in Vers 18 sagt „alles aber von Gott“, dann sagt er damit nicht nur, das alles von Gott kommt. Er meint eigentlich alles, was mit der Neuen Schöpfung zu tun hat. In anderen Übersetzungen heißt es: „Dies ist das Werk Gottes.“ Der Apostel Paulus spricht hier davon, *wer du* in Christus Jesus *bist.* Er spricht vom Wunder der Neuen Geburt, von dem, was geschieht, wenn du von neuem geboren wirst.

In Christus hinein versetzt

Es gibt einige Schriftstellen, die den Begriff „in Christus“ verwenden. Als ich siebzehn Jahre alt war, suchte ich mir sämtliche **in Christus**-Schriftstellen heraus, es sind ungefähr einhundertdreißig, und es half mir enorm, sie zu studieren.

Ich drücke es gern so aus: „Wenn du von neuem geboren bist, dann bist du **in Christus** hineinversetzt!“ Wenn du an Jesus Christus glaubst, dann bist du **in Christus,** und alles, was für jemanden gilt, der **in Christus** ist, gilt jetzt für dich.

Während ich als Teenager diese **in Christus** Schriftstellen durchging, nahm ich meine Gitarre und sang sie immer wieder im Gebet. Ich verkündete: „Was Gott über mich sagt, das bin ich. Was Gott für mich erkauft hat, das habe ich. Wozu Gott mich befähigt hat, das kann ich tun.“ Das tat ich manchmal stundenlang; nicht nur während einer Jugenderweckung oder einer besonderen Konferenz, sondern tagtäglich. Ich sang und betete die Ephesergebete jeden Tag.

Wenn du diese Gebete jeden Tag betest, dann versichere ich dir, dass du nach sechs Monaten ein anderer Mensch sein wirst. Wenn du mit deinem momentanen Leben zufrieden bist, dann tu weiterhin, was du tust, und dein Leben wird so bleiben, wie es ist, oder es könnte auch schlimmer werden. Wenn du willst, dass sich Dinge zum Guten verändern, dann möchte ich dich herausfordern, die Ephesergebete jeden Tag zu beten. Bete sie für deine Kinder, auch wenn sie schon erwachsen und verheiratet sind. Bete sie für deinen Mann oder deine Frau.

In dem Gebet, das wir in Epheser 1 finden, betet Paulus, **„dass der Gott unseres Herrn Jesus Christus, der Vater der Herrlichkeit, euch gebe den Geist der Weisheit und Offenbarung in der Erkenntnis seiner selbst. Er erleuchte die Augen eures Herzens, damit ihr wisst, was die Hoffnung seiner Berufung, was der Reichtum der Herrlichkeit seines Erbes in den Heiligen und was die überragende Größe seiner Kraft an uns, den Glaubenden, ist, nach der Wirksamkeit der Macht seiner Stärke. Die hat er in Christus wirksam werden lassen, indem er ihn aus den Toten auferweckt und zu seiner Rechten in der Himmelswelt gesetzt hat“** (Epheser 1:17-20).

Es geschah etwas in der Heilsverwaltung Gottes, als Er Christus von den Toten auferweckte:

Gerechtigkeit für jeden Menschen war wieder verfügbar.

Der Teufel war besiegt.

Der Fluch war gebrochen.

Der Mensch konnte wieder Gemeinschaft mit Gott haben.

Die Erlösung war vollendet.

Diese Errungenschaften sind in dem Augenblick dein Eigentum geworden, als du gesagt hast: „Ja, Jesus, ich übergebe mein Leben dir. Ich möchte, dass du Herr meines Lebens bist.“ Als du Jesus in dein Leben aufgenommen hast, bist du **in Christus** hinein versetzt worden! Alles, was Gott **in Christus** getan hat, ist zu deinem persönlichen Besitz geworden.

In Christus zu sein, bedeutet, dass du mit jedem geistlichen Segen in der Himmelswelt **in Christus** gesegnet worden bist (Epheser 1:3). Als Teenager pflegte ich diesen Vers zu singen. Ich sang auch Epheser 2:10: **„Denn wir sind sein Gebilde, in Christus Jesus geschaffen zu guten Werken, die Gott vorher bereitet hat, damit wir in ihnen wandeln sollen."** Du musst wissen, dass Gott keine minderwertige Ware herstellt. Wenn du Sein Gebilde bist, dann bist du etwas Wunderbares!

Gott hat den Weg bereitet

Gott hat schon im voraus einen Weg für Seine Kinder bereitet. Wenn du auf diesem Weg gehst, dann findest du darauf alles, was du brauchst. Wenn du von neuem geboren wirst, dann gehst du vom Tod ins Leben über. Wir sprechen vom geistlichen Tod. Paulus sagte: **„Auch euch hat er auferweckt, die ihr tot wart in euren Vergehungen und Sünden"** (Epheser 2:1). Wenn du Jesus als deinen Herrn und Erretter bekennst, empfängt dein Geist im selben Moment ewiges Leben.

Wusstest du, dass man beim Autofahren, bei der Gartenarbeit oder in den Gängen eines Einkaufszentrums errettet werden kann? Sogar wenn jemand bei seinem letzten Atemzug den Namen Jesus anruft, wird er von neuem geboren. In Römer 10:13 heißt es: **„Denn jeder, der den Namen des Herrn anrufen wird, wird errettet werden."**

Bevor du Jesus angenommen hast, warst du nicht *körperlich* oder *geistig* tot, sondern du warst *geistlich* tot; das heißt, du warst von Gott entfremdet oder getrennt. Weil du geistlich tot warst, konnte der Satan seine Herrschaft über dich ausüben.

Befreit aus der Herrschaft des Satans

Als du von neuem geboren wurdest, hat dein Geist im selben Moment ewiges Leben empfangen. Du hast den Herrschaftsbereich Satans verlassen und bist in den Herrschaftsbereich des Herrn Jesus Christus eingetreten. Rechtlich gesehen, hat der Satan keinen Einfluss mehr über dich. Er kann dich eigentlich nicht einmal antasten. Du bist **in Christus.** Du bist in dieser Welt, gehörst aber nicht zu ihr. Der Satan wird zwar immer noch versuchen, gegen dich vorzugehen, aber du hast seinen Einflussbereich verlassen. In Kolosser 1:13 heißt es: **„Er hat uns errettet aus der Macht der Finsternis und versetzt in das Reich des Sohnes seiner Liebe.“** In der *Rotherham* Übersetzung heißt es: **„... der Autorität der Finsternis.“**

Um zu erklären, was dieses Verlassen des Herrschafts- oder Einflussbereiches Satans genau bedeutet, stell dir einen Polizisten vor, der in Zürich eingesetzt ist. Sein Geltungsbereich erstreckt sich nicht bis nach Deutschland, er kann dir also keine Parkbuße verpassen, wenn du in München falsch geparkt hast. Er hat dort keinerlei Autorität. In dem Augenblick, da du vom Tod ins Leben übergehst, verlässt du den Rechtsbereich Satans und trittst in das Hoheitsgebiet des Herrn Jesus Christus ein. Darum kannst du sagen: „Herr Teufel, Sie haben keine Macht mehr über mich. Krankheit, Armut und Sünde, ihr habt keine Macht mehr über mich, denn ich habe den Tod verlassen und bin ins Leben hinübergegangen.“

„Wahrlich, wahrlich, ich sage euch: Wer mein Wort hört und glaubt dem, der mich gesandt hat, der hat ewiges Leben und kommt nicht ins Gericht, sondern er ist aus dem Tod in das Leben übergegangen“ (Johannes 5:24). Die Übersetzung von *Jordan* liest: **„... der hat geistliches Leben ... er ist aus dem Gebiet des Todes ins Gebiet des Lebens übergegangen.“**

Es gibt einhundertdreißig Dinge, die jetzt für dich wahr geworden sind. Du bist die Gerechtigkeit Gottes **in Christus** Jesus. Du läufst allezeit im Triumphzug **in Christus.** Der Sieg gehört dir. Christus hat dich losgekauft. **In Christus** gehört dir Erlösung. Wenn der Teufel dich nicht zurückhalten kann, errettet zu werden, dann möchte er dich, nachdem du errettet bist, um dein

Erbe bringen und dich in Unwissenheit darüber halten, was dir **in Christus** gehört.

„Denn in ihm wohnt die ganze Fülle der Gottheit leibhaftig; und ihr seid in ihm zur Fülle gebracht. Er ist das Haupt jeder Gewalt und jeder Macht“ (Kolosser 2:9,10). Das bedeutet ganz einfach, dass du im Augenblick deiner Neuen Geburt **in Christus** hineinversetzt wirst, und dass alles, was **in Christus** ist, jetzt in dir ist.

Mit Christus verbunden

„Wer aber dem Herrn anhängt, ist ein Geist mit ihm“ (1. Korinther 6:17). Wenn du von neuem geboren bist, dann ist dein Geist mit Jesus verbunden. Die *Weymouth* Übersetzung liest: **„Wer aber in Einheit mit dem Meister ist, ist mit ihm eins im Geist.“** Die *Living Bible* liest: **„Wenn du dich aber dem Herrn hingibst, dann seid ihr, du und Christus, miteinander verbunden wie ein Mensch.“**

Wenn der einzige Grund für die Errettung der gewesen wäre, dass du in den Himmel gehen kannst, dann hätte Gott einen besonderen Todesmechanismus einbauen können, so dass du sofort gestorben wärst, als du Jesus als Herrn bekannt hast. Eigentlich hat Gott dich errettet, damit der Himmel in dich hineinkommt *und du die Welt um dich herum verändern kannst.*

Gott hat dich errettet, um dich dem Bild Seines Sohnes gleich zu machen, so dass du in die Fülle dessen gelangen kannst, was Gott für dich geplant hat. Es gibt mehr im Leben als dreißig Jahre Raten für die Hypothek, die neuste Sportbekleidung, Toyotas, Cadillacs und BMW's! Wenn du errettet bist, dann bist du in Einheit mit Christus, damit dasselbe Leben, dieselbe Herrlichkeit und Freude, dieselbe Vollmacht und Kraft, dasselbe Erbe, dieselbe Zukunft, derselbe Segen – dieselben Dinge, die **in Christus** sind, auch in dein Leben hineinkommen!

Gott hat dich errettet, damit du ein Kanal für den Himmel auf dieser Erde werden und die Welt verändern kannst. Gott hat

Gott wirkte IN CHRISTUS, aber Er wirkte dabei AN UNS.

Mark Hankins

Epheser 2:10 (KJV)

Denn wir sind seine Qualitätsarbeit, geschaffen in Christus Jesus zu guten Werken, die Gott zuvor gesetzt hat, damit wir in ihnen wandeln.

dich errettet, um deine Kinder, deine Nachbarschaft und deine Stadt zu verändern. Gott hat dich errettet, damit Er in deinem Leben Einzug halten kann. Er hat dich errettet, damit dein Verstand richtig funktionieren kann. Er hat dich errettet, damit du kein Opfer der Sünde, schlechter Gewohnheiten, kein Opfer von Lüsten und Betrug sein musst. Er hat dich aus der Herrschaft Satans befreit, damit du dich bei deinem Tod nicht fragen musst, wozu du überhaupt gelebt hast. Gott hat dich errettet, damit Christus in dir Gestalt gewinnen kann! Statt mit einem scheinheiligen Blick auf dem Gesicht herumzusitzen, das aussieht, als ob du zu lange an einer Zitrone gesaugt hättest, finde lieber heraus, was tatsächlich in deinem Leben geschehen ist, als du errettet wurdest!

Befreit von der Sünde

Das Wort „errettet" bedeutet **„täglich aus der Herrschaft der Sünde errettet zu sein"** (Römer 5:10, *Amplified*). Es bedeutet aber nicht nur, von der Macht der Sünde errettet zu sein, die die Leute in ihrem Griff und unter ihrer Kontrolle hat, sondern auch errettet zu sein von den Auswirkungen der Sünde. Denn diese sind es, welche die Herrlichkeit Gottes und deinen Erfolg als Kind Gottes blockieren. Wenn die Sünde dich ergreift, bist du für das Königreich Gottes völlig wertlos. Deine Zuversicht schwindet, die Gabe Gottes in dir gerät durcheinander und du verbringst deine Tage in Täuschung, Schmach und Schuld; du versuchst zu lächeln und so zu tun, als ob alles in Ordnung wäre, aber innerlich herrscht das große Chaos.

Als du errettet wurdest, hielt Jesus in dir Einzug, um deinen Verstand, deine Seele, deine Gefühle, deinen Intellekt und deinen Körper zu erobern. Er hat dich mit Seinem Leben erfüllt, damit es aus dir heraus zu deinem Ehepartner und in deine Kinder hineinfließen kann.

Der Apostel Paulus sagte: „Ich bin eine neue Schöpfung in Christus." Eine tote Religion wäre nicht in der Lage gewesen, ein solches Wunder für Paulus zu vollbringen. Er war ein Pharisäer. Er hatte die Schriften studiert und kannte sie, dennoch sagte er: „Nichts hat mir das gegeben, was mit mir geschah, als ich auf dem Weg nach Damaskus Jesus traf."

Wenn du eine Neue Schöpfung wirst, solltest du im selben Augenblick sagen: „Jesus, ich möchte dich kennen lernen und erfahren, was du durch mich tun willst." Er wird dir beides mitteilen. Er wird sagen: „Ich bin das Alpha, das Omega, der Anfang und das Ende; der König der Könige und der Herr der Herren." Diese Liste bezüglich der Person Jesus könnte unendlich fortgesetzt werden. Dann wird Er dir sagen: „Alles, was ich habe, ist dein!"

Eine geistliche Verbindung

Einige Übersetzer geben die Formulierung **in Christus** mit „in Einheit mit Christus" wieder. Wenn dein Geist mit Christus verbunden ist, dann bedeutet das, dass der unsichtbare Teil deines Wesens innerlich mit Christus in Verbindung steht. Du sagst: „Wie kann das sein?" Nein, es gibt keine Telefonleitung, die von deinem Geist über die Dachrinne in den Himmel geht. Offensichtlich würden sich die Flugzeuge darin verfangen! Wenn eine Fernsehstation aus New York City sendet, dann kannst du dein Fernsehgerät so einstellen, dass du genau gleichzeitig dasselbe Programm empfängst – selbst wenn du irgendwo in einer Entfernung von zweitausend Kilometern im Hinterland lebst. Es gibt eine unsichtbare Verbindung zwischen deinem Fernseher und dem, was gerade in New York City abläuft.

In dem Augenblick, da du von neuem geboren wirst, gibt Gott deinem Geist einen Empfänger, den Er auf die himmlische Sendefrequenz eingestellt hat. Dasselbe, was gerade im Himmel gespielt wird, summt auch in dir! Obwohl du früher unter dem Fluch warst und in Gebundenheit gelebt hast, verwirrt und durcheinander, kannst du jetzt ein neues Bild empfangen! Du bist in Einheit mit Christus. Jetzt kannst du ein Bild von all dem sehen, was Gott für dich will – ein Bild der Erlösungskraft Jesu Christi, ein Bild davon, was Gott für dich geplant hat. Hallelujah!

Gott hat dich nicht zu einer Neuen Schöpfung **in Christus** Jesus gemacht, damit du weiterhin in Niederlagen, Krankheit, Armut und Depression lebst und an der Straße wohnst, die den bezeichnenden Namen „Wir-kommen-schon-irgendwie-durch" trägt. Er hat dich zu einem Überwinder gemacht! Manche Leute sagen: „Bruder, du predigst all dieses Heilungs- und Wohlstandszeug, und ich kann's nicht mehr hören, denn ich brauche diese Dinge nicht. Ich möchte einfach nur wie Jesus sein." Nun, das ist eine sehr ehrenhafte Einstellung. Wusstest du, dass Jesus weder krank noch arm ist?

Meinst du etwa, dass Er auf dem Thron sitzt und sagt: „Oh, ich habe solche Bauchschmerzen. Ich weiß nicht, wie ich das durchstehen soll. Ich habe einige Raten, die ich bis Ende des Monats bezahlt haben muss. Ich hab schon mit dem Vater darüber geredet, aber ich weiß nicht, ob ich das alles schaffen werde. Ich bin so müde!" Nein, so ist Jesus nicht. Er sitzt zur rechten Hand Gottes und die Bibel sagt, dass Seine Feinde weit unter Seinen Füßen sind. Ihm ist alle Macht im Himmel und auf Erden gegeben. Alles, was der Vater hat, ist Sein.

Er sitzt nicht da oben und fällt beinahe vom Thron. Stattdessen sagt Er: **„Ich bin der Lebendige, und ich war tot, und siehe, ich bin lebendig von Ewigkeit zu Ewigkeit und habe die Schlüssel des Todes und des Hades"** (Offenbarung 1:18). Er sagt zu jedem wiedergeborenen Gläubigen: „Mir ist alle Macht im Himmel und auf Erden gegeben, wenn du sie brauchst, dann kann ich sie dir geben. Wenn du etwas brauchst, das ich nicht auf Lager habe, dann werde ich es sogar für dich machen!"

Jesus ähnlicher sein

Du kannst Jesus ähnlicher werden. Er heilte die Kranken und trieb Dämonen aus. Wenn Jesus in eine Stadt kam, dann veränderte sich etwas. Du kannst sicher sein, dass der Teufel zurückkommt, um dir einen Besuch abzustatten. Er kommt zurück und sagt: „Wenn du wirklich errettet bist ..." Manche Leute haben sich nie wirklich entschieden, ob sie nun errettet sind oder nicht. Bei den Predigten, die sie hören, ist es vermutlich ein Wunder, dass sie überhaupt noch dabei sind.

Der Prediger sagt: „Ich weiß, dass du alles getan hast, was im Buche steht, aber man kann nie wissen." Was meinst du mit „man kann nie wissen"? Wenn Gott etwas gesagt hat und du hast dich danach gerichtet, dann bist du errettet. Du kannst bis zu deinem Todestag sagen: „Man kann nie wissen." Du kannst dich an sämtliche Regeln halten, keine Ohrringe und kein Make-up mehr tragen, auf drei verschiedene Arten getauft worden sein, in Zungen reden, „im Geist zittern" und immer noch nicht wissen, dass du errettet bist.

In Christus zu sein hat nichts mit deinen Gefühlen zu tun. Diese Tatsache hängt ganz allein vom Wort Gottes und der Zuverlässigkeit des Wortes Gottes ab. Sie hängt ganz allein von dem ab, was Jesus vor zweitausend Jahren für dich getan hat. Du kannst jeden Morgen aufstehen und sagen: „Ich bin eine Neue Schöpfung **in Christus** Jesus. Das Alte ist vergangen und alles ist neu geworden."

Manche Leute reden immer noch davon, was mit ihnen geschah, als sie zehn Jahre alt waren. Es gibt nichts in der Welt, was ein Psychologe oder sonst irgendjemand für dich tun kann, wenn dein Leben ruiniert worden ist, als du zehn Jahre alt warst. Nur Jesus kann dir helfen! In Ihm kannst du völlig neu werden. Die alten Dinge sind vergangen. Es gibt einen Teil deines Wesens – deinen Geist – und dort ist das Alte vergangen und alles wird neu im Augenblick deiner neuen Geburt.

Kein einziges Molekül bleibt übrig von dem, was du einmal warst – keine noch so kleine Spur davon! Du kannst so viele Spezialisten konsultieren, wie du willst, sie werden keine Spur mehr finden von dem, was du einmal warst. Sie können es nicht mehr ausgraben. Es ist für immer verschwunden. Gott wird nicht mehr davon sprechen, weil es nicht mehr existiert. Das ist die gute Nachricht, die dich freisetzen wird.

DU BEFINDEST DICH IN EINEM „JESUS-SANDWICH"!

Mark Hankins

Kolosser 2:9,10 (20th C.R.)

Denn in Christus wohnt die ganze Fülle der Gottheit leibhaftig; und durch eure Vereinigung mit Ihm seid auch ihr damit erfüllt ...

Kapitel 10

Die unsichtbare Verbindung

Der Heilige Geist ist der Geist der Wahrheit. Wenn du auf Ihn hörst, wird Er dir eine Menge Ärger ersparen – Ärger in geschäftlichen Dingen, in Beziehungen und in der Gemeinde. Du hast einen Partner, mit dem du dein neues Leben **in Christus** führen kannst. Sein Name ist der Heilige Geist. Jesus beschreibt das Werk des Heiligen Geistes in Joh. 16:13: **„Wenn aber jener, der Geist der Wahrheit, gekommen ist ...“**

Wenn ein Prediger dir eine Unwahrheit erzählen will, dann wird der Heilige Geist sagen: „Das ist nicht wahr.“ Aber wenn du den Heiligen Geist in dir hast und ein Prediger sagt die Wahrheit, dann bestätigt Er diese Wahrheit.

Du denkst vielleicht: „Wahrheit? Das begeistert mich nicht besonders.“ Was begeistert dich dann? Das Spielcasino. Liebst du die vielen Lichter und die „Wahrheit“, die dir dort geboten wird? Die Angestellten dort werden dir schmeicheln und dich mit jedem Namen nennen, den du gerne hören möchtest. „Herr Glückspilz, Sie könnten heute Abend schon Millionär sein.“ Aber denk daran, dieser Ort wurde nicht mit dem Geld von Gewinnern gebaut! Ja, sie freuen sich sogar, wenn du gewinnst, denn dann bleibst du noch ein wenig und verlierst weitere fünftausend Euro. Dann gehst du in die Gemeinde und gibst nicht einmal deinen Zehnten. Du brauchst eine Ohrfeige!

Was tut der Heilige Geist, der Geist der Wahrheit? „Er wird dich in die ganze Wahrheit leiten“ (Johannes 16:13). Wenn du deine Bibel liest, dann solltest du deinen Partner, den Heiligen Geist, dazu einladen, indem du sagst: „Heiliger Geist, lass uns die Bibel lesen. Hilf mir und leite mich in die ganze Wahrheit. Zeige mir etwas, Heiliger Geist.“ Da der Heilige Geist das Wort geschrieben hat, sollte Er wissen, was es bedeutet!

Er ist dein Helfer

Der Heilige Geist wird dich davon abhalten, das Wort nur mit deinem Verstand zu lesen. Er möchte dir die Bibel im Licht der Erlösung zeigen. Er möchte dir die gewichtigeren Dinge und das, was Priorität hat, zeigen. Der Heilige Geist wird dir dabei helfen, deine Bibel zu lesen. Er wird dir die wichtigsten Dinge zeigen. Er wird nicht etwas aus dem Zusammenhang reißen und deinen Verstand damit verwirren; dafür ist der Teufel zuständig. Auch der Teufel kann die Bibel zitieren, allerdings tut er es nur, um dich damit zu verwirren. Der Heilige Geist jedoch wird dir das ganze Bild zeigen. Er wird dir zeigen, wer du bist und was du **in Christus** hast.

Smith Wigglesworth hat gesagt: „Der Heilige Geist bringt nie Verdammnis. Er offenbart immer das Blut Jesu. Er ist immer erhebend und ein Helfer." Er sagt dir die Wahrheit, um dir zu helfen, denn wenn du auf deinen alten Wegen weitergehst, dann wirst du echte Probleme bekommen!

Dank sei Gott für den Heiligen Geist! Hast du jemals jemanden sagen hören: „Ich habe es nicht nötig, auf den Heiligen Geist zu hören?" Weder deine Frau noch dein Mann können den Heiligen Geist in deinem Leben ersetzen. Jeder Einzelne kann eine Beziehung mit dem Heiligen Geist haben. In dem Augenblick, da du von neuem geboren wirst, gehst du vom Tod ins Leben über und der Geist Gottes kommt, um in dir zu leben. Dein Leib wird zu einem Tempel des Heiligen Geistes.

Er offenbart das Kommende

„... denn er wird nicht aus sich selbst reden, sondern was er hören wird, wird er reden ..." (Johannes 16:13).

Was bedeuten die Worte „was er hören wird, wird er reden"? Mit wem pflegt der Heilige Geist Gemeinschaft? Er pflegt Gemeinschaft mit dem Vater und dem Sohn; alles, was Er sagt, wird von dem bestimmt, was Er sie sagen hört. Vers 13 schließt mit den Worten: **„... und das Kommende wird er euch verkündigen.“**

Wenn du wissen willst, was läuft, dann brauchst du nicht die Wahrsage-Hotline anzurufen und zu fragen: „Was sehen Sie in meiner Zukunft?“ Ich sehe, dass du Pleite gehst, wenn du noch lange in dieser Leitung bleibst! Du bezahlst sechs Euro in der Minute, aber wenn du zur Gemeinde kommst, gibst du gerade mal einen Euro. Du brauchst eine weitere Ohrfeige! Du bezahlst sechs Euro in der Minute, um einem Lügengeist zuzuhören. Und wenn es kein Lügengeist ist, dann ist es ein Narr, der die Karten liest. Die Karten sind nach der Ordnung der amerikanischen Bundesstaaten ausgelegt. In Louisiana zum Beispiel ordnen sie der Karte die Begriffe „Jagen“ und „Fischen“ zu. Wenn jemand aus Louisiana anruft, sagen sie: „Ich sehe Flughörnchenjagd in Ihrer Zukunft. Ich sehe einen Sumpf in Ihrer Zukunft. Ich sehe einen Alligator in Ihrer Zukunft. Ich sehe Kraniche in Ihrer Zukunft.“ Das ist doch ein Hohn!

Wenn du Gemeinschaft mit dem Heiligen Geist pflegst und für Sein Reden sensibel bist, dann wird Er dir Dinge zeigen, die in deinem Leben, deiner Zukunft, deiner Ehe, im Leben deiner Kinder und in deinem Geschäft geschehen werden. Er wird dir zeigen, wo du in Zukunft wohnen wirst, aber Er kann nicht zu dir reden, wenn du nicht zuhörst.

Sei ruhig und pflege die Gemeinschaft mit dem Heiligen Geist – rede zu Ihm. Bete Gott an, bete Jesus an und sprich: „Heiliger Geist, hilf mir, das Wort zu lesen. Zeig mir das Kommende. Ich möchte den Willen Gottes für mein Leben nicht verpassen. Hilf mir.“

Der Heilige Geist zeigte mir das Haus, in dem wir jetzt wohnen, ein Jahr, bevor wir dort einzogen. Als Trina und ich es sahen, sagte ich: „Das ist unser Haus. Ich weiß nicht, was es kostet, aber ich weiß, dass es uns gehört.“ Bevor mein Sohn Aaron geboren wurde, stand ich in der Gemeinde auf, in der ich Jugendpastor war, und sagte: „Mein erstes Kind wird ein Junge sein. Der Heilige Geist hat mir gesagt, dass es ein Sohn sein wird.“ Dann sagte ich: „Bitte bringt keine Mädchenkleider, denn es ist ein Junge.“

Einige Leute sagten: „Wir möchten nicht, dass du enttäuscht bist.“ Ich habe mich nicht auf ein Ultraschallbild verlassen, weil Trina keines hatte, sondern auf den Heiligen Geist. Eine Frau brachte mir ein Kleidchen für Aaron. Ich sagte: „Mein Sohn trägt kein Kleidchen! Nimm es wieder mit und tausch es um.“ Sie wurde ärgerlich und sagte: „Du bist einfach ein Dickschädel, nicht wahr?“ Ich antwortete: „Nein, ich habe jede Nacht über eine Stunde im Gebet verbracht und der Heilige Geist hat mir gesagt, dass es ein kleiner Junge ist.“ „In der Fülle der Zeit“ wurde schließlich mein Sohn Aaron geboren.

Zwei Jahre später, als Trina wieder schwanger war, betete ich und der Heilige Geist sagte: „Diesmal ist es ein Mädchen.“ Ich stellte mich hinter die Kanzel und sagte: „Dieses Kind ist ein Mädchen. Bitte bringt keine Kleider für Jungs.“ Wiederum verließ ich mich auf das, was der Heilige Geist gesagt hatte, denn Trina hatte kein Ultraschallbild. Ich hatte ein „Heilig-Geist-Bild“. Er hatte mir gesagt, dass es ein Mädchen war. „In der Fülle der Zeit“ wurde meine Tochter Alicia geboren.

Geheime Information

Wenn du Zeit mit dem Heiligen Geist verbringst, dann wirst du lernen, auf Seine Stimme zu hören, und Er wird dir mitteilen, was in einem Jahr, was in drei oder in fünf Jahren geschehen wird. Er wird dir mitteilen, was geschehen wird, damit du dich darauf vorbereiten kannst. Der Heilige Geist kann dir Unglücksfälle zeigen, die in deinem Leben, dem Leben deiner Kinder oder dem Leben einer anderen Person geschehen werden, wenn keine Veränderung stattfindet. Er zeigt dir solche Dinge nicht, um dir Angst zu machen, sondern damit du sie durch Gebet abwenden kannst. Das ist eine der Segnungen der Neuen Schöpfung. Wenn der Heilige Geist in dir wohnt, steht dir geheime Information zur Verfügung. **„Wenn aber jener, der Geist der Wahrheit, gekommen ist, wird er euch in die ganze Wahrheit leiten; denn er wird nicht aus sich selbst reden, sondern was er hören wird, wird er reden, und das Kommende wird er euch verkündigen. Er wird mich verherrlichen, denn von dem Meinen wird er nehmen und euch verkündigen“** (Johannes 16:13,14).

Er verherrlicht Jesus

Wenn du mit dem Heiligen Geist erfüllt bist, wird Er Jesus verherrlichen. Wenn in deinem Leben Dinge geschehen, die Jesus nicht verherrlichen, dann kannst du sie verändern, indem du im Heiligen Geist betest. Er möchte, dass jedermann sehen kann, was Jesus im Leben eines Menschen bewirkt. Jesus sagte: **„... von dem Meinen wird er nehmen und euch verkündigen.“** In Johannes 16:15 heißt es: **„Alles, was der Vater hat, ist mein; darum sagte ich, dass er von dem Meinen nimmt und euch verkündigen wird.“**

Jesus in dir

Der Heilige Geist ist deine „unsichtbare Verbindung“ zwischen Himmel und Erde. Deine Einheit mit Christus kommt durch die Kraft des Heiligen Geistes zustande; alles, was im Himmel gesendet wird, läuft auch in deinem Geist. Du hast nicht dasselbe Fassungsvermögen wie der Himmel, aber du hast dieselbe Qualität in dir. Du hast nicht dieselbe Kapazität wie Gott, aber du hast dieselbe Qualität von Leben in dir, die Gott in sich hat. Du hast eine Lebensqualität zur Verfügung, die weder von den Politikern der Rechten noch der Linken garantiert werden kann, sie hat auch nichts mit dem Sozialstaat zu tun. Du hast eine Lebensqualität zur Verfügung, die dir keine Firma garantieren kann, auch wenn sie dir eine besondere Rente verspricht, wenn du pensioniert wirst. Du kannst sagen: „Es geht mir gut, denn ich habe dasselbe Leben in mir, das gerade jetzt in Gott ist."

Kürzlich, in einer Sendung des „700 Club" führte Ben Kinchlow ein Interview mit einem Schwarzen, der berichtete: „Ich bin im Ghetto aufgewachsen, aber das Ghetto konnte nicht in mich eindringen. Überall gab es Drogen, aber keine Drogen kamen in mich hinein. Gewalt und Verbrechen umgaben mich, aber auch sie konnten mir nichts anhaben. Unheil war allgegenwärtig, aber in mir fand es keinen Raum. Ich stehe heute hier, weil Jesus in mir Einzug gehalten hat!" Zu viele Leute lassen es zu, von ihrer Umgebung geformt und geprägt zu werden, aber dieser Mann sagte: **„(Jesus Christus), der in mir ist, ist größer als (der Teufel), der in der Welt ist"** (1. Johannes 4:4).

Du musst deinen Empfang nicht auf die Umgebungsfrequenzen einstellen, die Schmutz, Sünde, Lust und Gewalt vermitteln wollen. Stell deinen Empfang auf das ein, was im Himmel gesendet wird: Heiligkeit, Feuer, Reinheit, Liebe, Gerechtigkeit, Herrlichkeit. Ich habe eine Standleitung zum Himmel. Wie das? Ich habe eine unsichtbare Verbindung – den Heiligen Geist. Ich stelle meinen Empfang neu ein. Die Feineinstellung stimmt. Wo geschieht das alles? Es geschieht in deinem Geist, wenn du von neuem geboren bist.

Geist, Seele und Leib

Du sagst: „Wenn das alles stimmt, warum habe ich dann so viele Probleme? Irgendwie kann das doch nicht stimmen." Dein Wesen besteht aus drei Teilen; dem Geist, der Seele und dem Leib. Auch nachdem du errettet bist, muss in deiner Seele – deinem Verstand, deinem Willen und deinen Gefühlen – etwas geschehen. Ansonsten wirst du dich nach wie vor an weltlichen Maßstäben ausrichten und dein Geist wird von deinem unerneuerten Verstand und deinen Gefühlen und Empfindungen gefangen gehalten, obwohl du eine neue Schöpfung in Christus bist. Jeder erdenkliche Müll aus deiner Vergangenheit, die Meinung anderer Leute und diese Welt werden dich formen. Dein Geist wird buchstäblich als Geisel gehalten, wenn dein Verstand nicht durch die tägliche Waschung des Wortes Gottes erneuert wird.

Ernähre dich vom Wort

Du wirst niemals das sein, was Gott für dich beabsichtigt hat, solange dein Verstand, dein Wille und deine Gefühle nicht vom Wort Gottes bestimmt werden. Wenn du deinen Geist mit dem Wort ernährst und es zulässt, dass der Heilige Geist in dir wirken kann, dann wird dein Sinn erneuert werden. Dieselbe Kraft, die in deinem Geist wirkt, wird auch in deinem Verstand aktiv werden. Dann wird Gott einige Gewohnheiten und Haltungen in deinem Leben auf die Liste der notwendigen Veränderungen setzen.

Am Anfang sagen viele Leute: „Ich werde mich nicht ändern. Es ist mir egal, was die Bibel sagt. Gott versteht, dass ich so und so bin. Ein wenig Sünde am Wochenende und ein paar Pornofilme ab und zu können sicher nicht schaden. Ich erzähle gerne Lügengeschichten und schmutzige Witze. Manchmal bin ich jähzornig, aber so bin ich nun mal. Ich gebe den Zehnten, wann es mir passt. Ich werde mich nicht verändern." Der Heilige Geist hat eine Raketenrampe, die von deinem Geist in deinen Kopf hineinreicht. Die Rakete wird abgeschossen, wenn du dich vom Wort Gottes ernährst.

Johannes der Täufer sagte: „Wenn Jesus kommt, dann nimmt Er eine Axt und schlägt dem Baum die Wurzel ab." Wenn du dich lange genug in der Gegenwart Gottes aufhältst und sagst: „Nun gut, Jesus, mach weiter. Ich bin eine neue Schöpfung **in Christus.** Ich weigere mich, an Gewohnheiten, negative Haltungen und Sünde gebunden zu sein oder mich von Vorstellungen bestimmen zu lassen, die meine Seele, meine Familie und mein Leben zehn oder zwanzig Jahre lang beherrscht haben. Ich will nicht gebunden sein. Mach weiter Jesus, lass uns einige Dinge ändern." Dann wird Jesus anfangen, das Haus zu säubern! **„... dass ihr, was den früheren Lebenswandel angeht, den alten Menschen abgelegt habt, der sich durch die betrügerischen Begierden zugrunde richtet, dagegen erneuert werdet in dem Geist eurer Gesinnung und den neuen Menschen angezogen habt, der nach Gott geschaffen ist in wahrhaftiger Gerechtigkeit und Heiligkeit"** (Epheser 4:22-24).

Christus ähnlich werden

Obwohl du von neuem geboren bist und eine neue Schöpfung in Christus begonnen hat, in dir zu wachsen, musst du die Entscheidung treffen und sagen: „In Ordnung, Heiliger Geist, leite mich in die ganze Wahrheit." Der Heilige Geist wird dir die Wahrheit mitteilen und die Wahrheit wird dich frei machen. Wozu? Damit du dein ganzes Potential in Gott erfüllen kannst. Negative Einstellungen, Kompromissbereitschaft, Sünde und Ungehorsam werden den göttlichen Lebensstrom aufhalten. Dann wird das Bild Christi in dir nicht das bewirken können, was vorgesehen ist, und es wird nicht in aller Deutlichkeit in dir entwickelt werden. Schließlich wirst du sterben und dich fragen, wozu du überhaupt gelebt hast.

Wenn du einmal herausgefunden hast, wer du in Christus bist und es zulässt, dass Er in dir geformt wird, dann wird jede Gabe, jedes Talent, jede Berufung und Absicht Gottes in deinem Leben mehr und mehr Gestalt annehmen. Gott begegnet nicht nur deinen Nöten und gibt dir Segnungen und Vorteile, sondern es ist so, wie jemand einmal gesagt hat: „Die größte Belohnung im Dienst für Gott ist nicht das, was man bekommt, sondern das, was man wird!"

Manchmal ist die eigentliche Persönlichkeit eines Menschen gar nicht zu erkennen, weil sie unter einem Haufen schlechter

Erfahrungen wie unter einem Müllhaufen begraben liegt. Lass es zu, dass der Heilige Geist in deinem Geist wirken kann, dass Er dich in alle Wahrheit leiten und dir zeigen kann, wer du in Christus bist. Lass das Bild, das im Himmel gesendet wird, auch in dir Raum finden. Dann wirst du sagen: „Was Gott über mich sagt, das bin ich. Was Gott für mich erkauft hat, das habe ich. Wozu Gott mich befähigt hat, das kann ich tun. Christus hat mich erlöst."

Es ist Zeit für Veränderung – ich rede nicht vom Umzug in ein anderes Haus. Ich rede von einer Veränderung in dir. Triff die Entscheidung und bete: „Herr, verändere mich!"

Gebet

Himmlischer Vater, ich komme jetzt durch das Blut Jesu und im Namen Jesus zu dir, ich kehre um von aller Sünde. Ich wende mich ab von Tatsünden und von Unterlassungssünden – von falschen Dingen, die ich getan habe, von Haltungen, die falsch sind, und bitte dich um Vergebung für Dinge, die ich hätte tun sollen, aber nicht getan habe. Vergib mir, Herr, und reinige mich durch das Blut Jesu. Ich werde Jesus nachfolgen.

Ich nehme dich, Jesus, jetzt als meinen persönlichen Herrn und Erretter an. Nun, da ich errettet bin, bin ich eine neue Schöpfung und ich glaube, dass Veränderungen in meinem Denken und meinen Einstellungen geschehen werden, nicht durch meine Fähigkeit, sondern durch den Geist Gottes und das Wort Gottes, die in mir wirken. Danke, Herr Jesus, dass du in mir Gestalt gewinnst. Mein Charakter und meine Persönlichkeit werden von dir neu gestaltet, so dass ich alles sein kann, was du dir für mich vorgenommen hast.

Herr, ich danke dir für dein Erbarmen, für Veränderungen in meinem Leben und für einen neuen Anfang. Ich vergesse die Vergangenheit, und weil du mir vergeben hast, vergebe ich mir selbst und lasse die Vergangenheit los, in Jesu Namen.

Teufel, ich bin Gottes Eigentum. Du hast keine Macht mehr

über mein Leben, denn das Blut Jesu, das Wort Gottes und der Geist Gottes in mir stehen gegen dich. Der Sieg über die Welt, das Fleisch und den Teufel gehört mir und zwar in jedem Bereich meines Lebens. Vater, ich bin jetzt dein Kind, und was du in meinem Leben begonnen hast, das wirst du auch vollenden. Fülle mich mit dem Heiligen Geist, denn ich bin durstig nach deinem Plan für mein Leben, in Jesu Namen. Amen.

Kapitel 11

Die Erkenntnis alles Guten ...

„... dass die Gemeinschaft deines Glaubens wirksam werde in der Erkenntnis alles Guten, das in uns im Hinblick auf Christus ist“ (Philemon 1:6).

„[Und ich bete], dass euer Teilhaben am Glauben und eure Gemeinschaft des Glaubens volle Anerkennung und Wertschätzung und das Verständnis und die genaue Erkenntnis jeder guten [Sache], die uns in [unserer Identifikation mit] Christus Jesus gehört, hervorbringt und fördert [und das zu seiner Ehre]“ (Philemon 1:6, *The Amplified Bible*).

Wenn du von neuem geboren bist, dann bist du **in Christus.** Man könnte es auch folgendermaßen sagen: „Du siehst **in Christus** viel besser aus als ohne Ihn!“ Es gibt eine Menge an Gutem, das du erkennen kannst, wenn du **in Christus** bist. Zum Beispiel, wer du **in Ihm** bist und was dir **in Ihm** gehört. Paulus redet hier nicht von Dingen, die dir irgendwann einmal gehören werden, er redet von allem Guten, das dir jetzt in deiner Identifikation mit Christus gehört.

Alles Gute, das in Christus ist

Häufig verbringen wir zu viel Zeit damit, unser Augenmerk auf unsere schlechten Eigenschaften zu richten und darüber nachzudenken, was bei uns alles nicht stimmt. Wenn du dir lange genug darüber Gedanken machst, was mit dir alles nicht stimmt, dann wird es noch schlimmer werden. Paulus sagt, dass wir alles Gute, das uns **in Christus** gehört, erkennen müssen, damit unser Glaube erfolgreich oder wirksam wird. Dein Glaube wird nicht angemessen funktionieren, wenn du nicht einige Dinge erkennst. Wie kannst du sie erkennen? Indem du das Wort Gottes bekennst, es aussprichst oder danach handelst.

Wenn Paulus sagt „alles Gute“, dann muss das bedeuten, dass aufgrund der Tatsache, dass du **in Christus** bist, mehr als eine gute Sache in dir ist. Du kannst nicht alles Gute in Anspruch nehmen, das dir in Christus gehört, wenn du nicht all das Gute erkennst, das dir in Ihm gehört. Auch wenn du schon manche der guten Dinge kennen gelernt hast, die dir **in Christus** gehören, wird dein Glaube doch erst dann funktionieren, wenn du diese Dinge richtig würdigst und anerkennst. Jeder Gläubige sollte ein tägliches Bekenntnis haben, in dem er ausspricht, was er **in Christus** ist und was er **in Christus** hat.

Du magst die Frage stellen: „Wie lange muss ich diese Dinge tun?“ Dein ganzes Leben lang! Wenn du willst, dass dein Glaube für dich arbeitet, musst du damit fortfahren, alles Gute zu bekennen, das dir in Christus gehört. Wenn du morgens aufstehst und dich selbst im Spiegel betrachtest, oder bevor du das Frühstück zu dir nimmst, kannst du dir Zeit nehmen, zu beten und einige der guten Dinge zu bekennen, die dir in Christus zur Verfügung stehen, und deine neue Identität bestimmen.

Wenn du deinen Lastwagen oder dein Auto fährst und an einer Ampel stehst, dann verbring doch diese Wartezeit in einer sinnvollen Weise, statt irgend einem Blödsinn im Radio zuzuhören oder sonst etwas Nutzloses zu tun; fang an zu bekennen, wer du **in Christus** bist und was du in Ihm hast. Das wird dein Gebetsleben verändern, denn du wirst in vielen Bereichen aufhören, um Dinge zu bitten, von denen das Wort dir sagt, dass sie dir bereits gehören! Die Formulierungen **in Christus, in Ihm** oder **in welchem** beziehen sich auf das, was du in der Vereinigung mit Christus bist. Es gibt einige Dinge, die dir schlicht aufgrund der Tatsache gehören, dass du mit Ihm vereinigt bist.

Lass uns einige dieser Verheißungen in der Schrift anschauen: **„Aus ihm** [aus Gott] **aber kommt es, dass ihr in Christus Jesus seid, der uns geworden ist Weisheit von Gott und Gerechtigkeit und Heiligkeit und Erlösung“** (1. Korinther 1:30). Weil du **in Christus** bist, gehören dir Weisheit, Gerechtigkeit, Heiligkeit und Erlösung.

Gottes Art, zu denken

Weisheit ist Gottes Art und Weise, zu denken. Gott denkt nicht unbedingt in denselben Kategorien wie du, und Er sieht die Dinge nicht immer so, wie du sie siehst. Wenn du dich selbst mit den Augen Gottes sehen willst, dann hol das Wort und schau nach, was Er über dich sagt. Weisheit hat etwas mit der Offenbarung darüber zu tun, was Gott im Tod, der Grablegung und Auferstehung Christi für dich getan hat.

Damit Weisheit in deinem Leben wirksam werden kann, musst du sie erkennen und würdigen. Bevor du am Abend ins Bett gehst, solltest du sagen: „Ich danke Gott, dass ich in Christus Jesus bin und Er mir zur Weisheit gemacht ist. Ich muss nicht mit meinem eigenen Denken, meinen eigenen Plänen, meinen eigenen Wegen oder meinen eigenen Ideen durchs Leben kommen. Ich habe Gottes Gedanken, Seine Wege, Seine Pläne und Seine Ideen. Jesus ist mir zur Weisheit gemacht worden."

Ein gerechter Stand vor Gott

Jesus ist mir zur Gerechtigkeit gemacht worden, das bedeutet, dass ich einen gerechten Stand vor Gott habe. Wenn du von neuem geboren bist, hast du denselben Stand vor Gott, den Jesus hat. Hallelujah!

Hingabe an Gott

Jesus ist dir zur Heiligkeit gemacht worden, das bedeutet Absonderung von der Welt und Hingabe an Gott. Was Jesus in deinem Leben begonnen hat, wird Er zur vollen Blüte bringen. Er ist der Anfänger und der Vollender deines Glaubens.

Befreiung und Freiheit

Jesus ist dir zur Erlösung gemacht worden. Erlösung bedeutet Befreiung oder Freiheit, die durch die Bezahlung eines Lösegeldes erwirkt wurde. Jesus hat den Preis für deine Befreiung und Freiheit in jedem Bereich deines Lebens bezahlt – Heilung für deinen Leib, Freude, Freiheit von Bedrückung und Depression und Freiheit von Armut und dem Fluch.

Jesus ist dir zur Weisheit, Gerechtigkeit, Heiligkeit und Erlösung gemacht worden. Du kannst jeden Tag sagen: „Jesus ist mir zur Weisheit, Gerechtigkeit, Heiligkeit und Erlösung gemacht worden. Ich bin in Ihm." Du denkst vielleicht: „Ich weiß alles, was in der Bibel steht, aber es ist nicht real für mich." Es wird dir real werden, wenn du anfängst alles Gute, das dir in Christus gehört zu bekennen.

Gottes Qualitätsarbeit

2. Korinther 5:17 ist eine weitere gute **„in Christus"**-Schriftstelle: **„Daher, wenn jemand in Christus ist, so ist er eine neue Schöpfung; das Alte ist vergangen, siehe, Neues ist geworden."** Vers 18 beginnt mit den Worten: „Alles aber von Gott ...", was bedeutet, dass die neue Schöpfung das Werk Gottes ist. Paulus sagt: „Seitdem du von neuem geboren bist, bist du **in Christus,** und du bist eine neue Schöpfung. Das Alte ist vergangen und alles ist neu geworden."

„... der alte Zustand ist vergangen, ein neuer Zustand ist da" (*Williams*). Der alte Zustand, aus dem du erlöst worden bist, ist der Fluch des Gesetzes; er umfasst Armut, Krankheit, Verwirrung, Furcht, Sünde und die Herrschaft des Teufels über dein Leben. Wann vergeht der „alte Zustand" und wann fängt der „neue Zustand" an? Das geschieht nicht über einen Zeitraum von zehn oder zwanzig Jahren. Es geschieht, sobald du von neuem geboren bist, aufgrund der Gnade Gottes. Vom Augenblick deiner Errettung an bist du eine neue Schöpfung **in Christus.**

Man könnte es auch folgendermaßen sagen: „Gott hätte keine neue Schöpfung machen können, die nicht gerecht ist. Er hatte ja bereits eine ungerechte alte Schöpfung!“ Warum sollte Er eine ungerechte neue Schöpfung machen? Mit anderen Worten: Wenn du eine neue Schöpfung **in Christus** bist, dann bist du die Gerechtigkeit Gottes in Christus (2. Korinther 5:21).

Der Bereich Gottes

Meinst du etwa, Gott erschaffe Abfall? Er wird keine verwirrte, keine gebundene oder besiegte neue Schöpfung machen. Das bedeutet, dass du seit deiner neuen Geburt alles in dir hast, was für ein siegreiches Leben notwendig ist.

Als meine Frau Trina und ich einmal auf einer Kreuzfahrt waren, nahmen wir an einer Tauchexpedition teil; wir waren mit Taucherbrillen, Sauerstoffflaschen und Flossen ausgestattet. Unter Wasser entdeckten wir einige der schönsten Fische, die wir je gesehen hatten. Da gibt es eine völlig neue Welt, die man an der Wasseroberfläche nicht sehen kann. Wenn du von neuem geboren bist, eröffnet sich dir in einer ähnlichen Weise eine völlig neue Welt.

Jesus sagte: **„Wenn jemand nicht von neuem geboren wird, kann er das Reich Gottes nicht sehen“** (Johannes 3:3). Das bedeutet, dass du, wenn du einmal von neuem geboren bist, Dinge sehen kannst, die du vorher nicht sehen konntest. Du kannst in den Bereich Gottes hineinsehen. Du kannst die Kraft Gottes sehen. Du kannst all das sehen, was Gott **in Christus** für dich getan hat. Du bewegst dich immer tiefer in eine völlig neue Dimension!

Du kannst in die Wirklichkeiten der Schrift eintauchen und eine Weile „herumschnorcheln“ oder du kannst einen Schritt weiter gehen, dir eine Sauerstoffflasche besorgen und für eine halbe oder ganze Stunde tauchen. Du fragst dich: „Wie in aller Welt kann ich tauchen?“ Wenn Gottes Geist sich erweist und du in die Gegenwart Gottes kommst, dann wird Er dich unter die Oberfläche mitnehmen und dich **in Christus** hineintauchen! Er wird dich mit Christus eins werden lassen und dir zeigen, wer du in Ihm bist.

Es geht hier nicht darum, dass du versuchst, etwas zu sein, was du nicht wirklich bist; es geht um die Realität dessen, was du tatsächlich bist. Es geht nicht um Dinge, die du irgendwie selbst hervorbringen könntest. Es geht um das, was Gott für dich bewirkt hat. Du musst es nicht erzwingen. Gott hat es so eingerichtet und du kannst verkündigen, dass es so ist.

Lach den Teufel aus!

Vor Jahren hörte ich von einem jungen Mann, der sich, nachdem er durch seinen Drogenmissbrauch den Verstand verloren hatte, in einem Rehabilitationsprogramm von Teen Challenge befand. Er war durchgedreht, nachdem er einhundert LSD Trips auf einmal genommen hatte. Er saß jeden Tag in der vordersten Reihe der Kapelle und war dabei völlig außer sich. Eines Tages kam sein Verstand zurück, er stampfte mit dem Fuß auf den Boden und fing an zu lachen.

Man fragte ihn, was denn geschehen sei. Der junge Mann antwortete: „2. Korinther 5:17 hat mich getroffen. Als mich dieser Vers traf, musste ich anfangen zu lachen.“ Von diesem Tag an lief er im Teen Challenge Zentrum herum und sagte täglich: „Ich bin eine neue Schöpfung **in Christus.** Ich lache über den Teufel.“ Er hatte kaum mehr Macht über seinen Verstand gehabt, aber das Wort Gottes ist kraftvoll. Es spielt keine Rolle, was der Teufel in deinem Leben angerichtet hat. Wenn du unter dem Wort sitzt und dich vom Wort ernährst, dann ist es voller Leben und Kraft.

Gott stellte den Verstand des jungen Mannes wieder her und

er ging in den Dienst. Ohne den Einfluss des Wortes Gottes wäre er wohl zu nichts mehr zu gebrauchen gewesen, aber das Wort hatte ihm offenbart, wer er **in Christus** ist. Er fing an, diese Dinge zu erkennen und zu würdigen! Er würdigte diese Tatsachen, indem er täglich bekannte: „Ich bin eine neue Schöpfung **in Christus.** Ich lache über den Teufel." Das tat er Tag für Tag. Die Leute, die in den Nervenkliniken sitzen, könnten wieder zu einem gesunden Verstand kommen, wenn sie unaufhörlich das Wort Gottes hören würden, denn das Wort wirkt.

Es gehört dir jetzt

Fang an, das Wort zu würdigen! Fang an, das Wort zu sprechen! Erkenne all das Gute, was dir in Christus gehört! Das heißt, spaziere in deinem Haus auf und ab und sage: „Ich bin eine neue Schöpfung **in Christus.** Das Alte ist vergangen. Die Herrschaft Satans über mein Leben ist gebrochen. Die Herrschaft der Sünde über mein Leben ist gebrochen. Der Fluch der Armut ist vorbei. Der Fluch Satans ist vorüber. Der Fluch der Krankheit ist wirkungslos. Ich bin erlöst. **In Christus** habe ich Erlösung. Sie gehört mir und ich habe sie jetzt."

Eine weitere Schriftstelle, die offenbart, wer du **in Christus** bist, ist Epheser 1:3: **„Gepriesen sei der Gott und Vater unseres Herrn Jesus Christus! Er hat uns gesegnet mit jeder geistlichen Segnung in der Himmelswelt in Christus."** Hier ist nicht die Rede von Dingen, die Gott erst noch tun wird, oder von Dingen, die erst geschehen werden, wenn wir im Himmel sind. Es handelt sich um eine Tatsache, die uns in diesem Augenblick gehört. „Jede geistliche Segnung" gehört uns jetzt; **„... er hat uns gesegnet in Christus mit jedem geistlichen Segen, dessen sich der Himmel selbst erfreut"** (*Norlie*).

Mit anderen Worten, wenn du in Christus bist, erfreust du dich der Dinge, deren sich auch der Himmel erfreut. Du bist mit dem Himmel verbunden – mit der Freude des Himmels, mit

Gott hat uns IN CHRISTUS zu hundert Prozent gerecht gemacht. Du kannst nicht fünfundzwanzig, fünfzig, fünfundsiebzig oder neunzig Prozent gerecht sein – IN CHRISTUS bist du hundert Prozent gerecht.

Mark Hankins

Kolosser 2:9,10 (KJV)

Denn in ihm wohnt die ganze Fülle der Gottheit leibhaftig. Und ihr seid in ihm zur Fülle gebracht; er ist das Haupt jeder Gewalt und Macht.

dem Frieden des Himmels, mit dem Sieg, der im Himmel gefeiert wird, mit der Herrlichkeit des Himmels. Du gehörst nicht zu dieser Welt. Du bist aus Gott geboren! Hallelujah!

Mit Christus verbunden

Wo geschieht all das? Es geschieht nicht in deinem Leib, denn du hast immer noch denselben Leib. Es geschieht nicht in deinem Kopf (dem Verstand), denn du hast immer noch denselben Verstand. Es geschieht in deinem Geist, in deinem Inneren. Das ist dein wahres Selbst. Seit dem Tag, da du von neuem geboren wurdest, ist dein Geist mit Christus verbunden. Alles, was das Wort über jemanden sagt, der **in Christus** ist, gilt auch für dich.

In Christus zur Fülle gebracht

Lasst uns eine weitere gute **„in Christus“**-Schriftstelle anschauen: **„Denn in ihm wohnt die ganze Fülle der Gottheit leibhaftig und ihr seid in ihm zur Fülle gebracht. Er ist das Haupt jeder Gewalt und jeder Macht“** (Kolosser 2:9,10). In der *Living Bible* lautet Vers 10: **„Darum habt ihr alles, wenn ihr Christus habt, und ihr seid durch eure Vereinigung mit Christus mit Gott erfüllt ...“** Die Fülle Gottes ist in Ihm. Der Reichtum der Herrlichkeit Gottes und Seine Schatzkammern sind in Ihm. Wenn du in Ihm bist, hast du Zugang zur Fülle Gottes und bist in Ihm zur Fülle gebracht.

Wenn du Jesus angenommen hast, dann hast du alles, was du für den Rest deines Lebens brauchst. Wenn du dein Leben Jesus übergeben hast, bist du für den Rest deines Lebens auf Spur gesetzt, denn Er gibt dir Weisheit, Gerechtigkeit, Heiligkeit, Erlösung – alles, was du brauchst. Du denkst vielleicht: „Aber mein Leben sieht gar nicht danach aus.“ Fang an, alles Gute zu erkennen, das dir **in Christus** gehört!

Die Gerechtigkeit Gottes in Christus

„Den, der Sünde nicht kannte, hat er für uns zur Sünde gemacht, damit wir Gottes Gerechtigkeit würden in ihm“ (2. Korinther 5:21).

In den meisten Gemeinden hat man keine Probleme damit, den Leuten zu sagen: „Jesus starb für dich am Kreuz.“ Aber oftmals zweifeln dieselben Leute am zweiten Teil dieses Verses: **„... damit wir Gottes Gerechtigkeit würden in ihm.“** Wenn du die erste Hälfte des Verses glaubst, warum glaubst du nicht auch die zweite Hälfte?

Es gibt einen Grund dafür, dass Jesus für dich zur Sünde gemacht worden ist. Paulus spricht von deiner Gerechtigkeit **in Christus.** Gerecht zu sein, bedeutet, von Gott angenommen zu sein, einen gerechten Stand vor Gott zu haben und Ihm wohlgefällig zu sein. Dies gibt dir Zuversicht im Gebet und auch dann, wenn du es mit dem Widersacher zu tun hast, dem Verkläger der Brüder. Paulus spricht davon, dass du alles Gute, das dir **in Christus** gehört, anerkennen sollst.

Römer 8:1,2 enthält eine gute **„in Christus“**-Verheißung: **„Also gibt es jetzt keine Verdammnis für die, die in Christus Jesus sind (die nicht nach dem Fleisch wandeln, sondern nach dem Geist).“**[4] Du hast also die Wahl, ob du dem Fleisch folgst oder dem Geist. **„Denn das Gesetz des Geistes des Lebens in Christus Jesus hat dich freigemacht von dem Gesetz der Sünde und des Todes.“** Paulus spricht von etwas, das bereits geschehen ist.

In Kolosser 1:13,14 heißt es: **„Er hat uns errettet aus der Macht der Finsternis und versetzt in das Reich des Sohnes seiner Liebe. In ihm haben wir die Erlösung, die Vergebung der Sünden.“** Unser Glaube wird wirksam, wenn wir alles Gute erkennen, das uns **in Christus** Jesus gehört.

Eine aktuelle geistliche Einzahlung

Wenn du noch immer glaubst und bekennst „ich weiß, dass Jesus wunderbar ist, aber ich bin nur ein armer, kleiner Wurm und vermag gar nichts aus mir selbst", dann hast du nicht verstanden, worum es geht. Paulus versucht dir zu vermitteln, dass du alles Gute, das in dir **in Christus** ist, erkennen sollst. Er spricht nicht von allem Guten, das **in Christus** im Himmel ist – er redet davon, dass es in diesem Augenblick in dir ist.

Jesus ist kein Wurm. Wenn du **in Ihm** bist, dann bist du kein erretteter Wurm! Die Bibel nennt dich einen Erben Gottes und einen Miterben Jesu Christi. Wenn du von neuem geboren wirst, wird eine geistliche Einzahlung in dich hineingelegt. Wir haben bereits einige Erscheinungsformen dieser Einzahlung erwähnt: Weisheit, Gerechtigkeit, Heiligung, Erlösung. Der Apostel Paulus beginnt alle seine Briefe damit, dass er feststellt, was Gott **in Christus** für dich getan hat. Nachdem er gesagt hat, was Gott für dich **in Christus** getan hat, erklärt er, **wer du in Christus bist** und was du damit machen sollst.

Sieg in jeder Lage

Eine weitere **„in Christus"**-Verheißung findet sich in 2. Korinther 2:14: **„Gott aber sei Dank, der uns allezeit im Triumphzug umherführt in Christus ..."** Gottes Plan für dich ist es, dass du in jeder Lage den Sieg davonträgst. Paulus hat nicht gesagt, dass du nie wieder schwierige Zeiten erleben wirst. Mir gefällt, was jemand vor Jahren einmal gesagt hat: „Harte Zeiten bleiben nicht für immer, aber harte Kerle sicher!" Hallelujah! Wie kommst du also dazu, ein „harter Kerl" zu werden? Die Bibel sagt: **„Werdet stark im Herrn und in der Macht seiner Stärke!"** (Epheser 6:10). Du wirst stark, indem du erkennst, wer du **in Christus** bist und was du in Ihm hast.

Was musst du tun, um **in Christus** allezeit den Sieg zu haben? Erkenne alles Gute, das in dir ist, wenn du **in Christus** bist. Wenn du morgens aufstehst, dann geh in deinem Schlafzimmer auf und ab und sprich: „Ich danke jetzt dem Vater, dass Er mich **in Christus** allezeit im Triumphzug umherführt. Wenn der Feind auf einem Weg gegen mich auszieht, so muss er auf sieben Wegen wieder fliehen."

Gott hat nie gesagt, dass der Feind nicht versuchen wird, dich anzugreifen. In Jesaja 54:17 heißt es: **„Keiner Waffe, die gegen dich geschmiedet wird, soll es gelingen ..."** Er hat nicht gesagt, dass es keine Waffen mehr geben wird, die gegen dich geschmiedet sind, aber Er hat gesagt, dass es diesen Waffen nicht gelingen wird! Mit anderen Worten, wenn sich Widrigkeiten gegen dich erheben, dann kannst du bekennen: „Keiner Waffe, die gegen mich geschmiedet ist, wird es gelingen." Warum? Weil deine Gerechtigkeit von Ihm kommt, wie es der zweite Versteil sagt. Deine Gerechtigkeit ist nicht etwas, das du selbst erarbeitet hast. Sie wurde vom Herrn hervorgebracht. Gott hat sie **in Christus** für dich gewirkt.

Erneuere deinen Sinn!

„... dass ihr, was den früheren Lebenswandel angeht [er spricht hier von deinem alten Lebensstil], den alten Menschen abgelegt habt, der sich durch die betrügerischen Begierden zugrunde richtet" (Epheser 4:22). Paulus sagt: „Ändere deine Lebensweise!" Du wirst deine Lebensweise nicht ändern, wenn du nicht deine Sprechweise veränderst. Mit anderen Worten: „Hör auf, so zu reden, wie du bisher geredet hast!" Der Psalmschreiber David sagte: **„Bestelle, HERR, eine Wache für meinen Mund!"** (Psalm 141:3). Jesus sagte: **„... denn aus deinen Worten wirst du gerechtfertigt werden, und aus deinen Worten wirst du verdammt werden"** (Matthäus 12:37). **„Du bist verstrickt durch die Worte deines Mundes ..."** (Sprüche 6:2, *KJV*).

„... dagegen erneuert werdet in dem Geist eurer Gesinnung und den neuen Menschen angezogen habt, der nach Gott geschaffen ist in wahrhaftiger Gerechtigkeit und Heiligkeit“ (Epheser 4:23,24). Paulus spricht darüber, wer wir **in Christus** sind. Er sagt: „Ihr sollt Folgendes tun: Legt die alte Natur, den alten Lebensstil, ab!“ Das „Ablegen“ entspricht dem Ausziehen alter, schmutziger Kleider. Dann sagt er: „Zieht den neuen Menschen an!“ Er gibt auch einen Hinweis darauf, wie man den neuen Menschen anzieht: **„... werdet dagegen erneuert in dem Geist eurer Gesinnung“** (Vers 23)!

Dieser Prozess, in dem das Alte abgelegt und das Neue angezogen wird, findet statt, wenn du deinen Sinn erneuerst und dein Denken mit dem Wort Gottes in Übereinstimmung bringst. Wir sollten uns immer fragen: „Was hat das Wort Gottes dazu zu sagen? Was sagt das Wort über mich? Was sagt das Wort, was ich habe? Was sagt das Wort über meine Identität? Was soll ich jetzt tun?“ Wir müssen das sagen, was Gott sagt. Wir müssen mit Gott übereinstimmen.

2. Korinther 5:17 sagt, dass du eine neue Schöpfung **in Christus** bist, aber Epheser 4:24 sagt, dass du den neuen Menschen anziehen sollst. Es gibt etwas, das wir tun müssen, um den neuen Menschen anziehen zu können. Warum? Weil der neue Mensch in deinem Inneren verborgen ist, der neue Mensch ist das, was du **in Christus** bist. Paulus sagt: „Nimm das, was du **in Christus** bist und hast, **und zieh es an!“** Wie ziehst du den neuen Menschen an? Indem du deinen Sinn mit dem Wort Gottes erneuerst.

Paulus sagt auch, dass der neue Mensch **„geschaffen ist in wahrhaftiger Gerechtigkeit und Heiligkeit“** (Epheser 4:24). Mit anderen Worten: Du musst nicht versuchen, den neuen Menschen gerecht und heilig zu machen. Er sagt: „Vom Tag deiner neuen Geburt an bist du eine neue Schöpfung, und du bist geschaffen in wahrhaftiger Gerechtigkeit und Heiligkeit.“ Dann sagt er: „Ziehe den neuen Menschen an!“ Weil du ein Teilhaber der göttlichen Natur bist, sollst du den neuen Menschen anziehen, der in Gerechtigkeit und wahrer Heiligkeit erschaffen ist.

Entthrone deinen Verstand und deinen Körper!

Was musst du also tun? Du musst zwar nicht den neuen Menschen gerecht machen, aber du musst ihn anziehen. Wie tust du das? **„... dass die Gemeinschaft deines Glaubens wirksam werde in der Erkenntnis alles Guten, das in uns im Hinblick auf Christus ist“** (Philemon 1:6). Was würde geschehen, wenn du dir eine Liste machst, und anfangen würdest, alles Gute zu notieren, das dir **in Christus** gehört? Gott hat bereits „alles Gute“ in dich hineingelegt, als du von neuem geboren wurdest, aber es liegt an dir, herauszufinden, was dir **in Christus** zusteht.

Du musst erkennen, wer du **in Christus** bist und was du in Ihm hast. Allein die Tatsache, dass du gläubig bist, bedeutet nicht, dass du keine Probleme mehr mit deinem Fleisch oder deinem Verstand hast. Selbst wenn du von neuem geboren und mit dem Geist erfüllt bist, musst du noch immer etwas mit deinem Leib tun. Was hat Paulus gesagt, was er mit seinem Leib tut? **„... sondern ich zerschlage meinen Leib und knechte ihn ...“** (1. Korinther 9:27).[5]

Gott wird nichts bezüglich deines Leibes oder deines Verstandes tun. Er hat das Hauptwerk im Geist (deinem inneren Menschen) bereits getan, als du von neuem geboren wurdest. Gott gab dir Sein Wort, das voller Leben und Kraft ist, und der Heilige Geist lebt in dir. Du kannst etwas mit deinem Leib tun. Fang damit an, dass du erkennst, wer du **in Christus** bist, und lass den Heiligen Geist in dir groß werden! Wenn du mit Gott übereinstimmst, dann wird dein innerer Mensch (dein Geist) sich erheben und die Vorherrschaft deines Leibes und deines Verstandes entthronen.

Das eingepflanzte Wort

Jakobus schreibt an Gläubige, wenn er sagt: **„Deshalb legt ab alle Unsauberkeit und das Übermaß der Schlechtigkeit, und nehmt das eingepflanzte Wort mit Sanftmut auf, das eure Seelen zu erretten vermag“** (Jakobus 1:21). Das muss bedeuten, dass deine Seele, auch nachdem du von neuem geboren bist, noch immer nicht errettet ist.

Die Leute sagen: „So und so viele Seelen sind errettet worden.“ Nicht wirklich! Menschen sind beim Altarruf nach vorne gekommen. Sie mögen zwar Christus angenommen haben und von neuem geboren worden sein, aber ihre Seele ist damit noch nicht errettet worden. Selbst nachdem du von neuem geboren worden bist, musst du deine Seele zur Errettung führen. Deine Seele setzt sich aus deinem Willen, deinem Verstand und deinen Gefühlen zusammen.

Jakobus sagt uns, dass wir das Wort in Sanftmut aufnehmen sollen. Das Wort in Sanftmut aufzunehmen, bedeutet, es in Demut zu tun. Mit anderen Worten, demütige dich und sei belehrbar. Das eingepflanzte Wort ist in der Lage zu erretten, zu befreien, wiederherzustellen und deine Seele (deinen Verstand, deinen Willen und deine Gefühle) gesund zu machen.

Warum redet Jakobus hier vom „eingepflanzten Wort“? Das Wort funktioniert erst, wenn es eingepflanzt ist. Es wird erst dann für dich wirken, wenn es in dich eingepflanzt worden ist. Wie kannst du es einpflanzen? **Indem du alles Gute erkennst, das in dir aufgrund der Tatsache ist, dass du in Christus bist.** Mit anderen Worten, du bleibst dabei und fährst fort, dich vom Wort zu ernähren und darüber nachzusinnen.

Glaube ist eine Handlung

In Vers 22 sagt Jakobus: **„Seid aber Täter des Wortes und nicht allein Hörer, die sich selbst betrügen!“** Was bedeutet

GOTT hat dich zu einer neuen Schöpfung gemacht, aber DU musst den neuen Menschen anziehen!

Mark Hankins

Epheser 4:24 (KJV)

... und dass ihr den neuen Menschen anzieht, der nach Gott geschaffen ist, in Gerechtigkeit und wahrer Heiligkeit.

Epheser 4:24 (Adams)

... ziehe den neuen Menschen an, der du bist!

Epheser 4:24 (Weymouth)

Kleidet euch selbst mit diesem neuen und besseren Selbst, das dazu geschaffen ist, Gott ähnlich zu sein in der Gerechtigkeit und Heiligkeit, die von der Wahrheit kommen.

es, ein Täter des Wortes zu sein? Wenn du etwas im Wort entdeckst, dann handelst du danach. Du fängst an, auf der Grundlage des Wortes zu handeln. So wirst du ein Täter des Wortes. Wenn das Wort sagt, dass dir etwas Bestimmtes zusteht, dann kannst du sagen: „Ich richte mich danach. Ich handle dieser Wahrheit entsprechend. Es scheint zwar nicht logisch zu sein, ich fühle mich vielleicht nicht danach, aber ich handle gerade jetzt in Übereinstimmung damit."

Smith Wigglesworth sagte: „Glaube ist eine Handlung." Jakobus sagte: **„Denn wie der Leib ohne Geist tot ist, so ist auch der Glaube ohne Werke** [oder übereinstimmende Handlungen] **tot"** (Jakobus 2:26). Wenn du anfängst, das Wort zu erkennen, dann beginne auch damit, in Übereinstimmung mit seiner Aussage zu handeln. **„Denn wenn jemand ein Hörer des Wortes ist und nicht ein Täter, der gleicht einem Mann, der sein natürliches Gesicht in einem Spiegel betrachtet. Denn er hat sich selbst betrachtet und ist weggegangen, und er hat sogleich vergessen, wie er beschaffen war"** (Jakobus 1:23,24). Was betrachtest du, wenn du in den Spiegel schaust? Du betrachtest dich selbst.

Jakobus sagt mit andern Worten: „Wenn du das Wort hörst, ohne es auch zu tun, dann ist das, wie wenn du in den Spiegel schaust, weggehst und sogleich vergessen hast, wie du aussiehst." In Vers 25 heißt es: **„Wer aber in das vollkommene Gesetz der Freiheit hineingeschaut hat und dabei geblieben ist, indem er nicht ein vergesslicher Hörer, sondern ein Täter des Werkes ist, der wird in seinem Tun glückselig sein."**

Sieh dich selbst in Christus

Wie wirst du zu einem Täter des Wortes? Indem du in den Spiegel des Wortes schaust, den Jakobus **„das vollkommene Gesetz der Freiheit"** nennt. Wenn du morgens aufstehst, dann schau dir ungefähr zehn **„in Christus"**-Schriftstellen an, schau in den Spiegel und erkenne sie als wahr an. Schau in den Spiegel – das vollkommene Gesetz der Freiheit. Wenn du in den Spiegel des Wortes schaust, dann wird das Wort dich frei machen. Eine Übersetzung liest: **„Schaue und fahre fort, zu schauen."**

Wenn du damit fortfährst, zu schauen, dann entsteht ein Spiegelbild und du siehst dich selbst **in Christus.** Du siehst, was Gott für dich **in Christus** getan hat und auf einmal siehst du dich selbst als frei. Du wirst nicht mehr besitzen, als du sehen kannst. Wenn du dabei bleibst, dich selbst als Versager zu sehen, ohne Gerechtigkeit in Ihm, unwürdig, besiegt und verwirrt, dann wirst du diese Dinge auch in Zukunft in deinem Leben antreffen.

Gott kann dir immer und immer wieder sagen, was Er für dich **in Christus** getan hat und wer du **in Christus** bist, aber solange du dich als Versager ohne gerechten Stand vor Gott, unwürdig, besiegt, krank oder arm siehst, wirst du in diesem Zustand bleiben. Während du dich an dein Denken und deine Gefühle hältst, sagt Gott: „Erkenne alles Gute, das in dir ist, wenn du **in Christus** bist." Erneuere deinen Sinn und zieh den neuen Menschen an, der in Gerechtigkeit, Sieg, Segen und Heiligkeit erschaffen ist." Wenn du morgens aufstehst, schau ins Wort! Wenn du deine Mittagspause machst, öffne deine Bibel! Wenn du eine Kaffeepause machst, öffne deine Bibel! Das ist der Preis für den Segen.

Alles, was wir brauchen

Gott hat durch Sein Wort alles in dir angelegt, was du jemals zum Leben und zur Gottseligkeit benötigst. **„Da seine göttliche Kraft uns alles zum Leben und zur Gottseligkeit geschenkt hat durch die Erkenntnis dessen, der uns berufen hat durch seine eigene Herrlichkeit und Tugend"** (2. Petrus 1:3). Wenn du eine Antwort brauchst – ich kann dir sagen, wo sie zu finden ist: „Seine göttliche Kraft hat uns alles gegeben, was zum Leben und zur Gottseligkeit notwendig ist."

Er hat nicht gesagt, dass Er dir alles gegeben hat, was zum Himmel gehört. Nein, sondern Er hat dir alles gegeben, was zum Leben und zur Gottseligkeit in dieser Zeit notwendig ist, und zwar **„durch die Erkenntnis dessen, der uns berufen hat durch seine eigene Herrlichkeit und Tugend, durch die er uns die kostbaren und größten Verheißungen geschenkt hat, damit ihr durch sie Teilhaber der göttlichen Natur werdet, die ihr dem Verderben, das durch die Begierde in der Welt ist, entflohen seid" (2. Petrus 1:3b,4).**

Petrus sagt: „Gott hat dir im Wort alles gegeben, was du zum Leben und zur Gottseligkeit brauchst." Jakobus sagte: „Du solltest diese außerordentlich großen und kostbaren Verheißungen nehmen und sie in dich einpflanzen. Diese Verheißungen werden deine Seele erretten." Der Psalmist David sagte: **„In meinem Herzen habe ich dein Wort verwahrt, damit ich nicht gegen dich sündige" (Psalm 119:11).** Mit anderen Worten, je mehr vom Wort du in dir hast, desto weniger Probleme wirst du mit der Sünde haben.

Einfach nur mit dem Inhalt des Wortes Gottes einverstanden zu sein, wird nicht viel bringen. Jakobus sagte, damit das Wort für dich wirken könne, müssest du **„alle Unsauberkeit und das Übermaß der Schlechtigkeit ablegen" (Jakobus 1:21).** Wenn du zu fünfzig Prozent Wort in dir hast und zu fünfzig Prozent Unsauberkeit und ein Übermaß an Schlechtigkeit, dann wird das Wort für dich nicht funktionieren. Es wird eine gewisse Auswirkung haben, aber du solltest dich zu hundert Prozent mit dem Wort anfüllen.

Das Wort wirkt

Wenn du nicht aufhörst, das Wort zu betrachten, wird es dich retten, befreien, heilen und deine Seele wiederherstellen.

Es wird den Segen Gottes bringen. Erkenne, wer du **in Christus** bist und was du in Ihm hast! **„Denn das Wort Gottes ist lebendig und wirksam und schärfer als jedes zweischneidige Schwert und durchdringend bis zur Scheidung von Seele und Geist, sowohl der Gelenke als auch des Markes, und ein Richter der Gedanken und Gesinnungen des Herzens“ (Hebräer 4:12).**

Nichts außer dem Wort Gottes ist in der Lage, deine Seele und deinen Geist zu trennen. Du fragst: „Warum sollten sie getrennt werden?“ Gott sagt, dass du eine neue Schöpfung **in Christus** bist. Er sagt, dass du gerecht und siegreich gemacht worden bist, aber dein Verstand stimmt diesen Dingen nicht zu. Deine Umstände widersprechen dieser Wahrheit. Deine Gefühle reden eine andere Sprache, aber das Wort ist wie ein scharfes Schwert. Es wird deine Umstände und deine Gefühle dazu bringen, mit dem Wort Gottes in Übereinstimmung zu kommen.

Jesus sagte: **„Meint nicht, dass ich gekommen sei, Frieden auf die Erde zu bringen; ich bin nicht gekommen, Frieden zu bringen, sondern das Schwert“** (Matthäus 10:34). Das Schwert wird in deine Seele eindringen und Dinge trennen und herausschneiden, die dich daran hindern wollen, den Willen Gottes zu erfüllen und gesegnet zu sein. Epheser 6:17 spricht vom **„Schwert des Geistes, welches das Wort Gottes ist“.** Das Wort wird die Einflüsse von dir abschneiden, die bisher die Kontrolle über dein Leben hatten, es wird Dinge aus deiner Seele schneiden, die nicht mit dem Wort Gottes übereinstimmen.

Was geschieht, wenn du anfängst, zu erkennen: „Ich bin der, der Gott sagt, dass ich bin. Gott sagt, dass ich ein Überwinder bin, also sage ich, dass ich ein Überwinder bin. Gott sagt, dass ich gerecht gemacht bin, also sage ich gerade jetzt, dass ich Gottes Gerechtigkeit **in Christus** bin?“ Das Schwert des Geistes schneidet die Einflüsse von deinem Leben ab, die dein bisheriges Leben bestimmt haben.

Grund zur Freude

„Nicht ein Mensch ist Gott, dass er lüge, noch der Sohn eines Menschen, dass er bereue. Sollte er gesprochen haben und es nicht tun und geredet haben und es nicht aufrecht halten?“ (4. Mose 23:19). Es ist unmöglich, dass Gott lügen könnte. Wenn du herausfindest, was Gott gesagt hat und dieses eingepflanzte Wort empfängst, dann wird Gott es in deinem Leben ausführen. **„Siehe, zu segnen habe ich empfangen; er hat gesegnet, und ich kann's nicht wenden. Er erblickt kein Unrecht in Jakob und sieht kein Verderben in Israel; der HERR, sein Gott, ist mit ihm, und Königsjubel ist in ihm“ (4. Mose 23:20,21).**

Wenn du erst einmal deinen Bund kennst und weißt, wer du **in Christus** bist, dann wirst du einen Königsjubel anstimmen können! Wenn die Israeliten unter dem Alten Bund schon gejubelt haben, wie viel mehr Grund zum Jubel hast du im Neuen Bund? Wie Gott im Alten Bund auf die Israeliten geschaut hat, schaut Er auf dich **in Christus.** Er sieht dich als die Gerechtigkeit Christi. Bileam bekam einen kleinen Einblick davon, wie Gott Sein Volk sah. Er sah keinerlei Unrecht in ihm.

Was bedeutet das für dich? Wenn du die Gerechtigkeit Gottes **in Christus** geworden bist, dann sieht Gott kein Unrecht in dir. Du hast Grund zur Freude! Es ist Zeit, die Bibel hervorzunehmen und zu sagen: „Teufel, wenn du nicht lesen kannst, dann lass es mich dir vorlesen!“ Die Gemeinschaft deines Glaubens wird wirksam werden, *wenn du alles Gute erkennst, das im Hinblick auf Christus in dir ist!* Hallelujah!

Was du in Christus hast

Gott legt eine völlig neue Pflanzung der Gerechtigkeit, der Weisheit, Erlösung, Heiligung, des Segens, der Freude und des

Sieges in dir an. Ziehe den neuen Menschen an, indem du bekennst, wer du **in Christus** bist. Sprich das folgende Bekenntnis des Glaubens aus und bekenne damit einige der Dinge, die du jetzt **in Christus** hast.

Ich bin der, der Gott sagt, dass ich bin. Ich habe, was Gott sagt, dass ich habe. Ich erkenne gerade jetzt alles Gute, das mir **in Christus** *gehört. Ich bin eine neue Schöpfung* **in Christus.** *Die alten Dinge sind vergangen. Der Zugang zu einer völlig neuen Welt ist mir im Geist,* **in Christus,** *eröffnet worden. Ich bin von neuem geboren worden. Ich bin aus Gott geboren worden. Alte Gewohnheiten, Haltungen und Einflüsse, die mich bisher bestimmt haben, sind zerbrochen und durch das Schwert des Geistes, welches das Wort Gottes ist, von meinem Leben abgeschnitten worden.*

Ich erkenne gerade jetzt alles Gute, das in mir im Hinblick auf Christus ist. Ich bin zur Gerechtigkeit Gottes **in Christus** *Jesus gemacht worden.* **In Christus** *gehört mir jetzt der Sieg.* **In Ihm** *bin ich mehr als ein Überwinder. Ich habe einen neuen Vater. Gott ist mein Vater. Ich bin gerecht. Ich bin stark im Herrn und in der Kraft Seiner Stärke.*

Ich bin losgekauft vom Fluch des Gesetzes. Christus hat mich von aller Ungerechtigkeit erlöst. Das Gesetz des Geistes **in Christus** *Jesus hat mich frei gemacht vom Gesetz der Sünde und des Todes. Ich bin frei. Ich bin gerecht. Ich bin heute siegreich. Ich bin* **in Christus** *und Christus ist in mir. Ich bin gerade jetzt mit jedem geistlichen Segen* **in Christus** *gesegnet. Ich bin Gottes Qualitätsarbeit,* **in Christus** *Jesus geschaffen. Ich nehme das eingepflanzte Wort, das meine Seele rettet, in Sanftmut auf. Ich bin ein Täter des Wortes.*

Ich bin der, der Gott sagt, dass ich bin. Ich bin **in Christus** *zur Fülle gebracht. In Ihm bin ich stark. In Ihm bin ich frei. In Ihm bin ich gesegnet!*

Endnoten

[1] Leider wird in den deutschen Übersetzungen des Neuen Testaments auch das Wort *psuche,* das eigentlich „Seele“ oder „natürliches Leben“ bedeutet, häufig mit „Leben“ übersetzt (Anm. d. Übers.).

[2] Engl.: „There is a fountain filled with blood drawn from Emmanuel’s veins, and sinners plunged beneath that flood lose all their guilty stains.”

[3] Deutsch: „Schreien, rufen, brüllen, lautstark kundtun.“

[4] Lesart der KJV und der Luther 1912.

[5] Im Engl.: „... ich unterdrücke meinen Leib und unterordne ihn ...“ Das gr. Verb *hupopiazo* bedeutet eigentlich „ins Gesicht schlagen“, was so verstanden werden kann, dass man jemand anderen, oder in diesem Fall sich selbst, auf den Mund schlägt (Anm. d. Übers.).

„In Christus"-Studienführer

„Studiere, um dich selbst Gott als bewährt zur Verfügung zu stellen; als einen Arbeiter, der sich nicht zu schämen hat ..." (2. Timotheus 2:15, KJV).

Kapitel 1
Ein Mensch in Christus

1. Das griechische Wort, das mit „neu" übersetzt wird, bedeutet ________________, neu in ________________.

2. Ein Mensch in Christus ist eine _____________ neue Art von Mensch.

3. „Wenn sich ein Mensch in Christus befindet, dann fängt er an, im ________________________ zu leben." (James Stewart)

4. „Ewiges Leben ist wie die Injektion ____________________. Etwas __________________________ fließt dabei in den Kreislauf des menschlichen Lebens ein." (William Barclay)

5. Gott hat uns Sein eigenes Leben gegeben – dasselbe Leben, das ____________________________________. (Epheser 2:4-6)

6. Das griechische Wort, das im Neuen Testament mit „Leben" oder „ewiges Leben" übersetzt wird, ist ___________.

7. Wir können dieses Leben in einem zunehmenden Maß empfangen, wenn wir mit dem _____________________ und der ____________________ erfüllt werden.

8. Ewiges Leben ist der ___________________ des Gläubigen, aufgrund seiner Beziehung mit Christus.

9. Du bist eine derart neue Schöpfung ________________, Gott wird dir eine Einführung in dein __________________ geben müssen.

10. Der __________________ nimmt die Dinge Christi und zeigt sie uns. (Johannes 16:13-15)

11. Die _________________ Kraft, die sich in diesen Ereignissen ausgewirkt hat, ist __________________ gegenwärtig.

12. Wir haben eine _________________________ mit Christus.

13. Gott sah uns dort in der _____________, ________________ und __________________ Christi.

14. „Die Briefe des Paulus enthalten die _______________, die Jesus aus dieser Welt mitgenommen hat, ohne sie ____________. Sie sind die _________________________ unseres Herrn Jesus Christus.“ (James Stalker)

15. Wir müssen das _____________ studieren, um in Christus wachsen zu können.

16. „... dagegen __________________ werdet in dem Geist eurer Gesinnung und den _________________ angezogen habt, der nach Gott geschaffen ist in __________________________ und ________________.“ (Epheser 4:23,24)

17. Gott hätte niemals eine _________________ neue Schöpfung gemacht.

18. Gott sieht dich durch das _____________________.

19. Wir können zuversichtlich in die ______________ kommen. Wir können eine zuversichtliche ________________________. Wir können zuversichtlich ___________________.

20. In Christus haben wir einen ____________________ vor Gott. Dieser ____________________________________ dem Stand, den ________________________ hat.

21. Nimm dir Zeit, _______________ deinen Sinn mit der Realität der Erlösung ____________________.

22. Lerne 2. Korinther 5:17 auswendig und schreibe den Vers nieder!

Kapitel 2
Finde deine Position in Christus

1. Das Verständnis der Neuen Geburt sowie deiner Position in Christus beginnt mit mehreren ________________, ____________

____________________ vermitteln.

2. Es gibt ungefähr ____________ Schriftstellen über unsere Position in Christus.

3. In 2. Korinther 5:17 heißt es: „Darum, ist jemand __________, so ist er eine neue _____________; das Alte ist vergangen, siehe, es ist alles neu geworden!"

4. „Ich bin der, ______________. Ich __________, was Gott sagt, dass ich _______________. Ich kann _____________, was Gott sagt, dass ich es _______________."

5. Wenn man das Wort ______________________ und studiert, gewinnt man ein neues Verständnis des Wortes Gottes. Psalm 119:130 sagt: „Wenn dein __________________ wird, so erfreut es und _________________ die Einfältigen."

6. „Diese hartnäckigen Flecken, die muss man ______________!"

7. „Manche Leute wären schon lange Glaubensriesen, wenn sie nur ______________________________." (Smith Wigglesworth)

8. Der Glaube jubelt, auch wenn die Mauern ________________.

9. Alles wird anders, wenn du ____________, wer du in Christus bist und anfängst, entsprechend der biblischen Wahrheit ______ ________________.

Kapitel 3
Der Ort der Verborgenheit

1. Gott sagte zu Moses: „Es gibt einen __________ bei mir für dich. Du sollst dich __________ stellen.“ Dieser __________ ist Jesus. (2. Mose 33:20,21)

2. Epheser 2:5,6 sagt: Gott hat dich mit dem Christus _________ _________ . Er hat dich ____________________ und _______________ lassen in Christus Jesus.

3. 2. Mose 33:22 sagt: „Und es wird geschehen, wenn meine ____________________ vorüberzieht, dann werde ich dich in die ________________ stellen und meine Hand schützend über dich halten, bis ich vorübergegangen bin.“

4. ____________________ ist der Felsen und der Plan der Erlösung.

5. Deine Position in Christus zu finden, ist der Schlüssel zum _______________________ und zur ______________________ Seiner Kraft.

6. Nachdem du von neuem geboren wurdest, ist es manchmal notwendig, einige ________________________ in deinem Denken und Sprechen vorzunehmen.

7. Er hat dir Sein Wort, den ___________________________ und den fünffältigen Dienst gegeben um dir bei ________________________ zu helfen.

8. ________________ ist ein Beispiel für einen Mann, der Gott wohlgefälligen Glauben hatte. Er musste einige ______________ vornehmen, um Gott gefallen zu können.

9. Gott möchte uns für Sein Werk gebrauchen können. Darum ist es notwendig, dass wir unsere __________________________, ________________, und ____________________ verändern.

10. Wie Moses habe auch ich einen Platz beim Vater, _______

__________________________.

11. Ein Bild für die „In Christus"-Realität in Psalm 91 ist die Formulierung „________________ im ________________ des Allmächtigen."

12. Psalm 32:7 enthält ein weiteres Bild für die „In Christus"-Realität. „Du bist ein ______________ für mich; vor Bedrängnis behütest du mich; du umgibst mich mit ________________."

Kapitel 4
Gottes Meisterwerk, die Erlösung, verstehen

1. Gott wirkte das ____________, was Er __________________. Gott hat alles, was Er hat, „in Christus" hineingelegt und schließlich hat Er auch dich „in Christus" hinein versetzt.

2. Der _________, die ____________ und die ______________ Jesu bilden das Zentrum des Evangeliums.

3. Gemäß 1. Korinther 15:3,4 ist das, was erste ______________ hat, das, was Gott im Erlösungsplan für uns getan hat.

4. Erlösung ist eine __________________________.

5. Erlösung bedeutet Freiheit ______________________.

6. Erlösung bedeutet: zurückkaufen; ________________; loskaufen; _____________; ____________________; auslösen.

7. „Er ist nicht mit Blut von Böcken und Kälbern, sondern mit seinem eigenen ____________ ein für allemal in das Heiligtum hineingegangen und hat uns eine _______________ erworben." (Hebräer 9:12)

8. __________________ ist eine vollendete Tatsache.

9. Schreibe eine „Er hat"-Schriftstelle nieder:

____

10. Die Erlösung wurde rechtmäßig durch das _____________ eines ______________________ erworben.

11. 1. Petrus 1:18,19: „Denn ... dass ihr nicht mit ... Silber oder Gold, erlöst worden seid ... sondern mit dem kostbaren _______ Christi."

12. Erlösung bedeutet ______________________________.

13. Galater 3:13 sagt, dass Christus uns losgekauft hat vom ___________________________________.

14. Der Fluch des Gesetzes beinhaltet, gemäß 5. Mose 28, _______________________, _______________________, und ______________.

15. Das Wahrheitssystem des Paulus umfasst _______________, und __________________________. Identifikation mit Adam, der Zustand _________________________, was mit Jesus in der Zeit vom Kreuz bis zum Thron geschah, ________________, was wir jetzt „in Christus" sind und in Ihm haben, ______________________________, und wie wir zu geistlicher Reife gelangen können.

16. Die Evangelien sind eine ________________ der Erlösung; die Briefe ein ____________________.

Kapitel 5
Gerechtigkeit verstehen

1. Gerechtigkeit bedeutet ganz einfach, ____________________ vor Gott zu haben.

2. Paulus erklärt in Römer 1:16,17, dass das Evangelium Christi grundsätzlich gesehen eine Offenbarung von ________________ ist.

3. Gerechtigkeit befähigt dich, vor Gott oder vor dem Teufel ohne ein Gefühl von ________________, ________________, ________________, oder ________________ zu stehen.

4. Römer 5:17 stellt fest: „Denn wenn durch die Übertretung des einen der Tod durch ___________ geherrscht hat, so werden viel mehr die, welche den Überfluss der ____________________ empfangen, im Leben herrschen durch den einen, Jesus Christus."

5. In 2. Korinther 5:21 lesen wir, wie wir zu dieser Gerechtigkeit gekommen sind: „Den, der Sünde nicht kannte, hat er für uns zur Sünde gemacht, damit wir ____________________ würden in ihm."

6. Römer 10:10 stellt deutlich heraus, dass wir mit dem ____________ glauben zur ________________, und mit dem Mund bekennen zum Heil.

7. Gemäß Römer 4:25 wurde Jesus erst aus den Toten auferweckt, nachdem wir für ______________________ oder ____________________ erklärt waren.

8. Jesaja 43:25,26 sagt: „Ich, ich bin es, der deine Verbrechen auslöscht um meinetwillen, und deiner Sünden will ich nicht ______________. ______________! Wir wollen miteinander vor Gericht treten! Erzähle du, ________________________!"

9. Du kannst in Glaube, __________ und Heiligkeit wachsen, aber nicht in _________________.

10. In Jakobus 5:16 sehen wir, dass unser ________________ davon abhängt, dass wir unsere _________________ verstehen.

11. Gott möchte nicht, dass Seine Kinder mit einem Bewusstsein von Sünde, ________________, Versagen, ________________, Schuld, ______________ und Minderwertigkeit leben.

12. Gott wird verherrlicht, wenn du Sein ______________, Seine ______________ und Seinen ______________ widerspiegelst.

13. „Gott aber sei Dank, der uns ___________ im ___________ umherführt in Christus und den ___________ seiner Erkenntnis an _______________ durch uns offenbart!" (2. Korinther 2:14)

14. Gott möchte, dass wir frei sind vom _______________ der Vergangenheit, und den Geruch ________________ annehmen.

15. Alles, was Jesus getan hat, tat Er letztlich für dich – es wird _________________________, als ob du es selbst getan hättest. Dies ist die Abfolge von Stellvertretung, ______________ und ______________________.

Kapitel 6
Deine Identifikation mit Christus

1. „... ich bin ______________, und nicht mehr lebe ich, sondern ___________ lebt in mir; was ich aber jetzt ________________

lebe, lebe ich im Glauben, *und zwar im Glauben* an den Sohn Gottes, der mich geliebt und sich selbst für mich hingegeben hat." (Galater 2:19b,20)

2. Das Konzept des christlichen Glaubens, das Paulus vermittelt, basiert auf ______________ – was Christus für dich getan hat – ________________, Jesus trat an deine Stelle und starb deinen Tod, damit __________________.

3. Alles, was Jesus getan hat, hat Er _____________ getan.

4. Paulus spricht hier nicht von einem geistlichen Zustand, den er erreicht hat. Paulus spricht über eine Veränderung ___________________.

5. Im ____________________ deiner Errettung kannst du sagen: „Ich bin mit Christus gekreuzigt worden."

6. Mit Christus gekreuzigt zu sein bedeutet, dass das alte Selbst, der alte Mensch, der du einmal warst, ______________________ und Christus selbst _________________ lebt!

7. Cressman's Übersetzung von Galater 2:20 lautet: „Ich _____, als Christus am Kreuz starb. Jetzt lebe nicht mehr ich, sondern ________________ in mir."

8. Laubach's Übersetzung von Galater 2:20 lautet: „Christus nahm mich mit sich _______________ und ich ____________ mit ihm."

9. Am Kreuz und in der Auferstehung _________________, als das __________________ Auge sehen kann.

10. Das Evangelium ist ein ________________. Die erste Person, die du auf einem Gruppenbild suchst, __________________.

11. Durch den Glauben findest du dich selbst im _______, in der Grablegung und ___________________________ wieder.

12. Du brauchst ________________________________ über die geistlichen Geschehnisse, die im Tod, in der Grablegung und Auferstehung Christi stattgefunden haben.

13. Offenbarungserkenntnis deiner Vereinigung mit Christus wird deiner alten, sündigen Natur wirklich _________________ gehen.

14. Niemand hat Jesus das Leben genommen. Er gab es ____________________. (Johannes 10:17,18)

15. Was hat Jesus ans Kreuz gebracht?

____

16. Bete das Gebet in Epheser 1:17-23. Es ist ein Gebet um Offenbarungserkenntnis, das dich befähigen wird, die Kraft zu erfassen, die durch den Tod, die Grablegung und Auferstehung für dich verfügbar wurde.

17. Es gibt zwei „Sakramente" in der Kirche, die Identifikation demonstrieren: __________________ und _________________.

Du bist mit Christus vereinigt in Seinem
Tod:

Galater 2:19b,20: „... ich bin mit Christus gekreuzigt, und nicht mehr lebe ich, sondern Christus lebt in mir; was ich aber jetzt im Fleisch lebe, lebe ich im Glauben, *und zwar im Glauben* an den Sohn Gottes, der mich geliebt und sich selbst für mich hingegeben hat."

Römer 6:6: „... da wir dies erkennen, dass unser alter Mensch mitgekreuzigt worden ist, damit der Leib der Sünde abgetan sei, dass wir der Sünde nicht mehr dienen."

Römer 6:4: „So sind wir nun mit ihm begraben worden durch die Taufe in den Tod, damit, wie Christus aus den Toten auferweckt worden ist durch die Herrlichkeit des Vaters, so auch wir in Neuheit des Lebens wandeln."

Römer 4:25: „... der unserer Übertretungen wegen dahinge-geben und unserer Rechtfertigung wegen auferweckt worden ist."

Wieder lebendig werden:
Epheser 2:4,5: „Gott aber, der reich ist an Barmherzigkeit, hat um seiner vielen Liebe willen, womit er uns geliebt hat, auch uns, die wir in den Vergehungen tot waren, mit dem Christus lebendig gemacht, durch Gnade seid ihr errettet!"

Mitauferweckt und mitversetzt:
Epheser 2:6: „Er hat uns mitauferweckt und mitsitzen lassen in der Himmelswelt in Christus Jesus."

Kapitel 7
Sinneserkenntnis oder Offenbarungserkenntnis

1. Es gibt zwei Arten von Erkenntnis: ____________________ und ______________________.

2. Sinneserkenntnis bezieht sich auf das, was man durch ________________ lernt, während Offenbarungserkenntnis aus dem ____________________.

3. In Matthäus 16:17 sagte Jesus zu Petrus:

„____."

4. Offenbarungserkenntnis kommt, wenn: ________________

____.

5. Offenbarungserkenntnis eröffnet den ________________

____________________________________.

6. Das Maß, in dem sich Christus in dir manifestieren kann, steht im Verhältnis zur Erkenntnis des Wortes – ich meine Offenbarungserkenntnis – und dem Einsatz an Glauben, den du damit verbindest.

Kapitel 8
Wie Gott die Identität eines Menschen verändert

1. Als du Christus angenommen hast, bist du eine ____________ ________________ geworden, aber du musst im ____________ dieser Wahrheit wandeln, damit es in deinem Leben zu einer Realität wird.

2. Gott hat den Namen und die Identität folgender Personen verändert:
Abram wurde ______________________________
Sarai wurde ______________________________
Saul verwandelte sich in ______________________
Gideon wurde ein __________________________
Simon (Schilfrohr), der Sohn des Jona, wurde ______________ genannt.
Der Name von Saulus änderte sich in ____________

3. Jeremia 18:2-4 sagt uns, dass der Ton in der Hand des Töpfers missriet; Gott aber macht ein ________________.

4. Der ________ weiß, ob du deine Identität in Christus kennst.

5. Jesus musste das ____________________ studieren, um Seine Identität zu finden.

6. Du kannst an ________________ und ________________ zunehmen.

7. Der Teufel möchte, dass du dich selbst ________________.

8. Gott ____________________ deine Identifikation mit Ihm, als er Mensch wurde.

9. Der Teufel will dir das __________________ stehlen.

10. Paulus sagte: „Ich habe nur eine _______________, nämlich alles, __________________."

11. Jesus __________________________ deine Erlösung, als Er Mensch wurde.

12. Jesus _________________________ unsere Erlösung, als Er am Kreuz starb.

13. Wenn der Teufel dich an deine Vergangenheit erinnert, dann erinnere ihn daran, dass du _____________________________. Widerstehe ihm mit dem Wort!

Kapitel 9
Dein Erbe in Christus

1. Als du von neuem geboren wurdest, bist du _______________.

2. Wenn du an Jesus Christus glaubst, bist du _______________.

3. In der Heilsverwaltung Gottes geschah etwas, als Er Christus von den Toten auferweckte:
a) ____
b) ____
c) ____
d) ____
e) ____

4. In Christus zu sein, bedeutet, dass du mit jedem ___________ ____________________________________ in der Himmelswelt gesegnet worden bist. (Epheser 1:3)

5. Gott hat schon im voraus ________________ für mich bereitet. Wenn ich auf diesem Weg gehe, dann finde ich darauf ___________, was ich brauche.

6. Wenn du Jesus ____________________, empfängt dein Geist ______________________.

7. Der Satan wird zwar immer noch versuchen, gegen dich vorzugehen, aber du hast seinen ________________ verlassen. (Kolosser 1:13)

8. Wenn du von neuem geboren wirst, bekommst du _________

__________________________.

9. Gott hat dich errettet, damit du ___________________ auf dieser Erde werden und die Welt verändern kannst.

10. Das Wort „errettet" bedeutet: _____________________. (Römer 5:10, *Amplified Bible*)

11. Wenn ______________________ dich ergreift, bist du für das Königreich Gottes ________________.

12. Wenn dein Geist mit Christus verbunden ist, dann bedeutet das, dass _________________________ innerlich mit Christus in ______________________ steht.

13. Als Gott dich zu einer neuen Schöpfung in Christus gemacht hat, hat Er dich nicht zu ______________________________ gemacht, Er hat dich zu ______________________________ gemacht!

14. In Christus zu sein hat nichts mit ____________________ zu tun.

15. Die Tatsache deines Lebens in Christus hängt ganz allein vom __________________ und der Zuverlässigkeit des Wortes

Gottes ab. Sie hängt ganz allein von dem ab, was Jesus______________.
16. Gott spricht nie von dem, was du einmal warst, weil ________
____.

Kapitel 10
Die unsichtbare Verbindung

1. Dein Partner in diesem neuen Leben ist ________________.

2. In Johannes 16:13 wird der Heilige Geist der ______________ genannt.

3. „Der Heilige Geist bringt nie _______________. Er offenbart immer das ______________. Er ist immer ______________ und ein Helfer." (Smith Wigglesworth)

4. Eine Aufgabe des Heiligen Geistes ist es, zu ______________. (Johannes 16:14)

5. Eine weitere Aufgabe des Heiligen Geistes ist es, zu ________________. (Johannes 16:14)

6. Der Heilige Geist ist dein _______________________.

7. Weil du in Christus ______________________ bist, wird dasselbe, was gerade im Himmel „gespielt" wird, auch in dir gesendet!

8. Dein Geist wird buchstäblich als Geisel gehalten __________
__________________ durch die tägliche Waschung des Wortes Gottes erneuert wird.

9. Du wirst niemals das sein, was Gott für dich beabsichtigt hat, solange dein Verstand, dein Wille und deine Gefühle nicht vom ____ werden.

10. Epheser 4:22-24: „Lege ____________________ ab! Werde _______________ in dem _______________ deiner Gesinnung! Ziehe den ___________________ an!

11. Wenn du einmal herausgefunden hast, wer du ___________ bist und es zulässt, dass Er in dir geformt wird, dann werden jede Gabe, jedes Talent, jede Berufung und Absicht Gottes in deinem Leben mehr und mehr Gestalt annehmen.

12. Die größte Belohnung für Gehorsam ist: ________________

____.

Kapitel 11
Die Erkenntnis alles Guten, das im Hinblick auf Christus in uns ist

1. Dein Glaube wird funktionieren, wenn du erkennst oder _______________, _________________ oder _______________ auf dem Wort Gottes.

2. Du musst dies tun, damit ______________________________.

3. In Christus ist Gott selbst für uns Weisheit, Gerechtigkeit, Heiligung und Erlösung geworden.

a) Weisheit bedeutet:

____

b) Gerechtigkeit bedeutet:

____

c) Heiligung bedeutet:

____

d) Erlösung bedeutet:

____

4. Als du eine neue Schöpfung wurdest, bist du zu einer ________ ____.

5. Wenn du eine neue Schöpfung bist, dann bist du die ________ ____.

6. Das bedeutet, dass du seit deiner neuen Geburt alles ________ __________, was für ________________ notwendig ist.

7. Wenn du von neuem geboren bist, dann eröffnet sich dir _____ ____________________________.

8. Du bist gerade jetzt mit jedem ____________________ in Christus.

9. Sobald du von neuem geboren wirst, wird dein Geist ________ ____________________.

10. Sprich folgendes Bekenntnis: Ich habe alles, wenn ich Christus habe, und ich bin durch meine Vereinigung mit Christus mit Gott erfüllt. (Kolosser 2:10, *The Living Bible*)

11. Gerechtigkeit gibt dir ____________________ und wenn du es mit dem ________________________.

12. Lies Römer 8:1,2 (Luther 1912). Du hast die Wahl, ob du dem ________________ folgst oder dem ______________.

13. Lies Kolosser 1:13,14. Führe die drei Punkte auf, die für dein Leben in Christus gelten.

____

14. Nachdem Paulus dir gesagt hat, was Gott für dich getan hat, erklärt er dich für ________________________ und ______________.

15. In Christus hast du allezeit __________________. Sei stark ____________________________!

16. Was solltest du mit dem „alten Menschen“ tun?

____

17. Nimm das, was du in Christus bist und ________________.

18. Was tut Paulus mit seinem Leib?

____

(1. Korinther 9:27)

19. Wenn du mit Gott übereinstimmst, dann wird dein innerer Mensch (dein Geist) sich erheben und die Vorherrschaft deines __________ und deines ____________ ________________.

20. Empfange das Wort mit ____________________ oder sei _____________________________.

21. Das Wort wird wirksam sein, wenn ____________________ oder __________________________.

22. Schreibe Jakobus 1:22 nieder!

____

23. Wenn ich das Wort höre, ohne es zu tun, dann ist das, als ob ich in den Spiegel ____________ und ____________________.

24. Du wirst nicht mehr widerspiegeln als das, was du ____.

25. Gott hat durch das Wort alles in dich hinein gelegt, was du zum ______________ und zur ____________________ brauchst.

26. Das Wort wirkt, weil es __________________________ und __________________________ ist.

27. Sprich das Bekenntnis auf Seite .... laut aus.

28. In 4. Mose 23:19-21 heißt es, dass Gott nicht _____________ kann, __________________________ ist in dir.

29. Wenn du gerecht bist, dann hast du allen Grund zu __________ ____.

„In Christus"-Schriftstellen

Wer du in Christus bist und was du in Ihm hast

IN CHRISTUS

Römer 3:24	Galater 2:4	1. Thess. 4:16
Römer 8:1	Galater 3:26	1. Thess. 5:18
Römer 8:2	Galater 3:28	1. Tim. 1:14
Römer 12:5	Galater 6:15	2. Tim. 1:9
1. Kor. 1:2	Epheser 1:3	2. Tim. 1:13
1. Kor. 1:30	Epheser 1:10	2. Tim. 2:1
1. Kor. 15:22	Epheser 2:6	2. Tim. 2:10
2. Kor. 1:21	Epheser 2:10	2. Tim. 3:15
2. Kor. 2:14	Epheser 2:13	Philemon 1:6
2. Kor. 3:14	Epheser 3:6	1. Petr. 1:8
2. Kor. 5:17	Philipper 3:13,14	
2. Kor. 5:19	Kolosser 1:28	

IN IHM

Apg. 17:28	Kolosser 2:6	1. Joh. 3:3
Joh. 1:4	Kolosser 2:7	1. Joh. 3:5
Joh. 3:15,16	Kolosser 2:9,10	1. Joh. 3:6
2. Kor. 1:20	1. Joh. 2:5	1. Joh. 3:24
2. Kor. 5:21	1. Joh. 2:6	1. Joh. 4:13
Epheser 1:4	1. Joh. 2:8	1. Joh. 5:14,15
Epheser 1:10	1. Joh. 2:27	1. Joh. 5:20
Philipper 3:9	1. Joh. 2:28	

Der Autor

Mark und Trina Hankins

MARK UND TRINA Hankins sind die Pastoren des *Christian Worship Center* in Alexandria, Louisiana. Pastor Hankins ist der Gründer des *In Christ International Bible Training Center.* Das täglich ausgestrahlte Radioprogramm von Pastor Hankins „Deine Stellung in Christus" wird in vielen Teilen der Vereinigten Staaten gehört. Trina ist eine gesalbte Lobpreis- und Anbetungsleiterin und steht dem Musikdienst im *Christian Worship Center* vor. Sie hat zwei Musik-CD's aufgenommen: *A Place by the Father* und *Be It Unto Me.*

Bevor Mark und Trina den Dienst als Pastoren übernahmen, hielten sie Erweckungsversammlungen, Seminare und Konferenzen in den USA und im Ausland ab.

Mark und Trina stehen weiterhin in einem internationalen Reisedienst und predigen das Wort Gottes in der Kraft des Heiligen Geistes. Ihre Botschaft konzentriert sich auf die Erlösung in Christus und darauf, wer der Gläubige **„In Christus"** ist.

Empfehlenswerte Literatur

Apostel, Propheten und Pastoren

von Kenneth E. Hagin

Welches sind die Aufgaben von Aposteln, Propheten und Pastoren im Leib Christi? Kenneth Hagin nimmt in seinem Buch anhand des Wortes Gottes Stellung zu diesen aktuellen Fragen. Sein Anliegen ist es, ein klares Verständnis der schriftgemässen Funktion dieser Ämter zu vermitteln.

Paperback, 288 Seiten — Euro 13,00/ sFr 24,80

Wachsender Glaube

von Kenneth E. Hagin

Bilde ein solides Fundament für deinen Glauben durch die Sammlung einiger der beliebtesten Predigten von Rev. Kenneth E. Hagin! Dieser Klassiker enthält Grundlagen, die zum Verständnis des Glaubenslebens eines jeden Gläubigen von grosser Wichtigkeit sind.

Paperback, 116 Seiten — Euro 7,80/ sFr 14,80

Höre! der Herr ruft Dich

von Lynne Hammond

Die Autorin zeichnet eine mächtige biblische Perspektive zum Gebet auf, die den Kern bedeutungsvoller und freudiger Gemeinschaft mit Gott zeigt. Sie bietet einen siegreichen Ansatz zu Anbetung, Fürbitte, Flehen und geistlichem Kampf, der jedes Glaubensleben erfrischt.

Paperback, 190 Seiten — Euro 11,80/ sFr 22,80

Zu beziehen durch:

Zoe Evangelistische Vereinigung
Badenerstrasse 808
8048 Zürich
Schweiz

Tel.: +41 1 432 9272
Fax.: +41 1 432 9354

www.zoe-online.ch; zoe@zoe-online.ch

Fordern Sie unseren aktuellen Katalog an mit weiterer glaubensstärkender Literatur.

Besuchen Sie auch die Internetadresse von:

Mark Hankins Ministries

www.markhankins.org